024

テレビ塔に魅せられ

大澤 和宏
名古屋テレビ塔 社長

中経マイウェイ新書

目次

はじめに　―「テレビ塔に魅せられ」歩いてきた―

私は名古屋生まれの名古屋育ち、生粋のナゴヤッ子である。一九三九年生まれ、もう立派な後期高齢者の仲間入りである。

私が生まれた頃から日本は太平洋戦争に向かって進み、やがて国土に日本史上経験のない壊滅的傷跡を残し戦争は終わった。戦後、全国民が混乱から復興に立ち上がり、戦勝国をも上回る奇跡に近い発展を遂げ、日本史上にない今日の繁栄した社会をつくった。

振り返って見ると我々の世代は、それまでの価値観が根底から変化する社会の中で生きてきた。しかし、現在も激しく変化は続いている。例えば、高度情報化社会の到来と言われた時からもう二十年以上は経っているだろうか。最近、ネット社会の到来としてやっとその膨大な姿が見え始めており、今後も地球規模で同時進行の激しい変化が続くであろう。

もの心ついた時から七十年あまりだろうか。食べるものも、着るものも不自由、自転車が今の自動車以上に貴重品扱いされた時代。職業は放送を選んだが放送はラジオからテレビ、多メディアへと急速な技術革新の道を走った。

しかし、生涯の時間にすると一瞬であり、世間は狭いというが結局同じところを行ったり来たりしていた感が強い。今になって私自身がどこに向かって歩いて来たのだろうかを考えると「名古屋テレビ塔」（以下、テレビ塔）が浮かび上がる。

「全ての道はローマに通ず」というが、私にとっては「全ての道はテレビ塔に通ず」かも知れない。私は「テレビ塔に魅せられ」という運命の糸に引っ張られて歩いてきた人生なのだろうか。この運命の糸を自ら明らかにすることは身にあまる光栄として筆を進める。

今の日本人には歴史に学ぶとか、過去に学ぶという機会が少なくなった印象がある。過去・現在・未来は連続性の上に成り立つ、過去の延長線上に現在があり、現在の努力が未来の財産をつくる。

私のつたない経験を少しでも残せることがあればこの上ない喜びである。ほとんど年寄りの冷や水であったり、愚痴であったりすることはご容赦いただきたい。

筆者近影

生々しい空襲体験　―テレビ塔は戦後復興のシンボル―

日本では今、集団的自衛権の問題が世論を二分する議論となっている。どの議論も戦争をさける目的は一致している。しかし、方法論になると真っ向から対立する意見となる。日本人は終戦直後の生活からは考えられない豊かな生活を謳歌し、しかも戦争をまったく知らない世代が頭だけで考えて議論をしているところに怖さを感じるのは私だけだろうか。

七十年前、米軍の誇る最新鋭爆撃機B29が名古屋上空に現れ、雪が降るごとく爆弾や焼夷弾を落としていく。夜の空襲は名古屋の空を真っ赤に染める。戦争末期の一九四五年三月から五月にかけた「名古屋大空襲」である。

名古屋市中村区の庄内川近くに住んでいたので近くに民家や工場は少なく、集中的な爆撃はなかったものの、近くの民家や商店は爆弾や焼夷弾の洗礼を受けた。名古屋駅方面を見ると火柱と黒煙、そこに照明弾がおちて昼間の明るさ、まるで地獄絵である。六歳の時の強烈な体験である。

空襲警報が鳴ると母親に催促され、道路脇につくられた小さな防空壕に入っても全身がぶるぶると震えるのをはっきりと覚えている。幼稚園は休園となっていたが、艦載機からの直接の機銃も心配されるなど自分の命は自分で守るしかない。昨日まで元気な隣の叔父さんが今日亡くなった。明日の命すら誰も分からない。

日本は今年（二〇一五年）で終戦七十年を迎えるが、もはや戦災体験のない世代も多く、戦争体験者は当時五歳でも七十五歳を超える。南海トラフに対する防災・減災対策は推進されつつあるが、戦争の悲惨さをもう一度考える時期に来ていると強く感じている。

一方、名古屋市による戦後復興の都市整備計画は全国的に高い評価を得ているが、その計画の骨格をなすのが百メートル幅をもつ二本の基幹道路整備（久屋大通、若宮大通）である。この久屋大通上に戦後復興のシンボルとして建設されたのがテレビ塔である。敗戦で意気消沈した県民、市民の元気を取り戻したシンボルの歴史的意義は大きい。

名古屋テレビ塔建設候補地（矢印）

使いふるしの教科書
―「必死に生きた」時代に夢の実現へ―

一九四五年八月十五日に終戦、名古屋の街も度重なる空襲の生々しい傷跡を残したままであった。食べるものがなく、道路に畑をつくって早く育つ野菜を植えて飢えをしのいだ。米の飯は病気になったとき、母が残り少ない米でお粥をつくってくれたのが唯一のご馳走である。

着るものも古着ばかりで、大人の服を子供用に作り替えたものを着せられていた。下駄履きで運動靴はない。道路を裸足で歩いていても当たり前。子供たちは裸足で走り回っていた。

ボールもなく、丸い小石を古い布と糸をぐるぐるに巻いた手作りのボールと、太い竹をバット代わりにして遊んでいた。遊ぶためには思わぬ知恵がでるものだと感心させられる。

終戦の翌年四月一日に小学校に入学した。統一した教科書はなく、使いふるした教科書を持参、その教科書も都合の悪い箇所を真っ黒に塗りつぶした。すぐに茶色のわら半紙数枚が配られ、家で縫って教科書にした。紙が弱く破れたり、擦れて字が読めなくなってしまう教科書である。

秋になって運動会が開催されたが、徒競走だけが唯一の競技種目で、その時もらった賞品の鉛筆は貴重品。母に褒められたことを覚えている。給食は黒い小さなパンと匂いの強いミルクである。匂いで飲めない子も先生に飲むよう強く叱られた。

当時は両親も子供を食べさせるのに必死、子供も家の手伝いに必死、学校も勉強させるのに必死。みんなが「必死に生きた」時代であった。このような厳しい社会の中だからこそ、夢の「テレビジョン放送」実現への準備が急速に進められていったのだろう。

一九五一年にテレビジョン放送を行う国会決議がなされ、名古屋では翌年にNHKとCBCとの間でテレビ塔建設の検討が開始された。このテレビ送信鉄塔の共同建設の構想は全国初であった。

名古屋はラジオで全国に先駆けた役割を果たしており、テレビ放送においても全国初の集約電波鉄塔として建設されることとなった。この先見性をもって必死に生きたことは今の時代にも学ぶところは多い。

整地された建設予定地

ラジオ屋さんに入り浸り　―弁当代をラジオの製作資金に―

小学校二年生頃に、自宅にある戦前からの「並四《なみよん》ラジオ」を分解して元に戻らず、親父に叱られたことがきっかけとなり、ラジオに異常な興味をもつようになった。

五年生の時には鉱石ラジオを石鹸箱に組み込み、洗面具を装って学校に持参、授業中に放送を聞いて先生に見つかり叱られた。しかし、先生に石鹸箱に組み込んだアイデアを褒められたことがいつまでも心に残った。

教室事件の後、鉱石ラジオの製作に没頭し、コイル、バリコンと鉱石だけのシンプルな構成でありながらもっと性能を上げ、スピーカーで聞けないかと無謀な工夫を本気になって考えた。

中学生になり真空管を使ったラジオの製作に進んだ。当時は「スーパーヘテロダイン方式」が最先端技術である。戦前からの並四ラジオは周波数がずれて音がなくなったり、ピーという異常音がでたり、不安定であった。壊した自宅のラジオも調子が悪くなると、親父がラジオの裏に手を突っ込んでハネカム型コイルを触っていたことを思い出す。

昼食は弁当持参か、自宅に帰ってとるかであったが、両親ともに働いていたので弁当はなく、近くのうどん屋で食べるよう小遣いをもらっていた。だが、この小遣いすべてが「スーパーヘテロダイン方式」ラジオの製作資金となった。後でそのことを知った母が「身長が伸びなかったのは昼飯を十分に食べないから」と嘆いていたが…。今でもこの時に使用した真空管（6D6、6ZP1、12Fなど）は自宅にしまってある。

当時、国鉄（現JR）名古屋駅構内にラジオ屋さんがあり、ここの若き常連客であった。自宅から自転車で二十分程度。学校が終わると毎日のように通っていた。人の良い年配のおじさん一人の店だった。

部品の加工・取り付け、配線、ハンダ付けなどラジオの製作技術を親切に教えてもらい、さらに金のない中学生、見るに見かねて時々部品を無料で頂戴するおまけまで。まさにラジオ屋さんに入り浸り、そこで身につけた知識が生涯を通した職業（放送）との出会いにつながっていった。

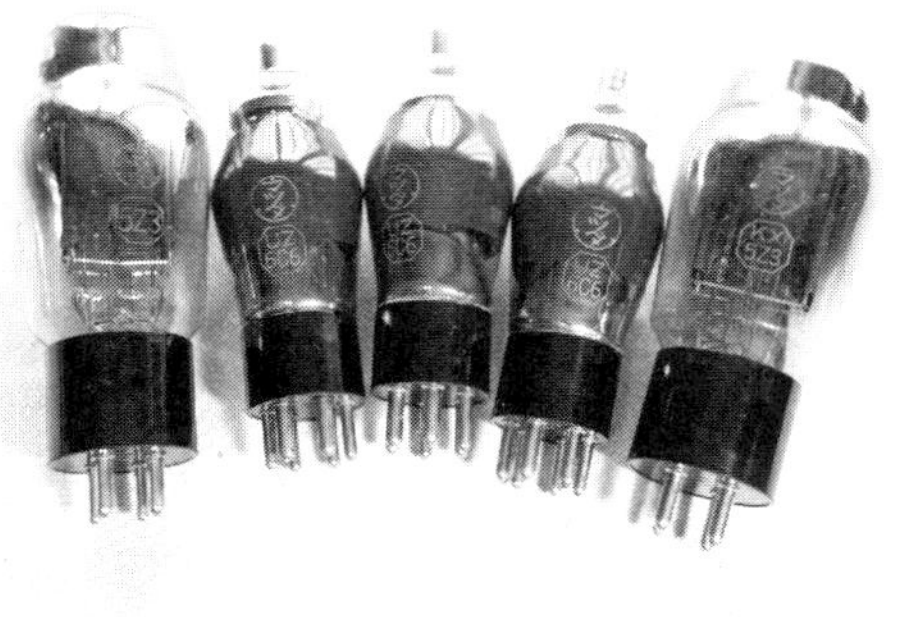

ラジオの製作に使用した真空管（ＳＴ管）

製作したラジオは親戚に

―中波帯から短波帯そして超短波帯へ―

ものづくりは楽しい。寝ても起きてもラジオである。新しいアイデアを考え、同じラジオは二台と作らない。あっという間に自分の部屋は製作したラジオで一杯。寝るスペースもないありさま。

見るに見かねて母親が「親戚にあげたら」と提案を出す。二十台ぐらいを実費で引き取ってもらい、そのお金を短波受信機の製作に向けた。高校一年生の夏、「DX」と言われる遠距離通信への始まりである。

最初にラジオを作り始めた頃は「ST管」と呼ばれるドーム型の真空管、高校に入った時期からは「GT管」や「MT管」が開発され、MT管を使った短波受信機を製作した。

夏休みに庭の松の木に九メートル程度の短波用受信アンテナを設置し、受信できる環境を整え、秋から世界の放送局の受信を始めた。一年ぐらいで世界の主な放送局の受信に成功し、ベリカード（受信確認証）を集めた。

高校に入ってすぐにアマチュア無線の国家試験を受験、幸い一発で合格。早速、送信機を製作し、アマチュア無線局を開局した。名古屋市中村区の住宅密集地に住んでいたため、あまり大きな電力では送信できず10ワットの小電力局である。

アマチュア無線も様々な楽しみ方があるが、私の場合は世界の人々との交信よりも送信機、受信機の設計や製作を楽しむことであった。

当時は既製の部品が少なく、あったとしても米軍の中古で価格的に手も足も出ない高価。大須のジャンク屋で掘り出しを探しあてれば宝の山を当てた感激を味わう。

ほとんど部品から手作りで、その知恵は友人の情報であったり、ラジオの製作を扱った愛読書『初歩のラジオ』『ラジオ技術』からであった。その後、テレビ受像機の製作キットが発売されることとなったが、直ちに購入、製作したことは言うまでもない。

放送の歴史は〝周波数開発の歴史〟といわれているが、私のものづくりも中波帯（ラジオ）から短波帯（海外放送、アマチュア無線）、そして超短波帯（テレビ、ＦＭ）へと変わっていったのである。これがＮＨＫ入局の動機になったのかもしれない。

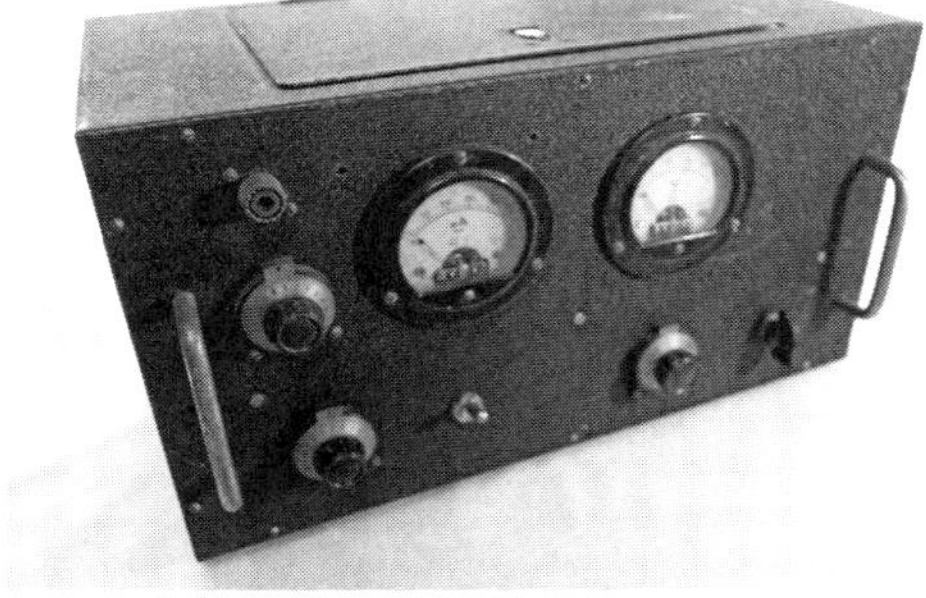

最初に製作した送信機

カメラは高嶺の花 ——現像は最もスリル味わう瞬間——

小学生の時、雑誌の付録がきっかけで日光写真に興味をもった。L版サイズぐらいの写真立てのようなケースに印画紙とネガを入れて直射日光に数分当てると、印画紙に写真が写るという簡単なもので数日すると消えてしまう。自分で写真がつくれるという面白さに惹《ひ》かれて、ネガの代わりにレンズで景色を映して直接印画紙に焼くことはできないかと試したが、そこは子供のあさ知恵、成功することはなかった。

これが写真に興味を持つきっかけとなった。同じく雑誌の付録にあった玩具のカメラで写真を撮り、結構綺麗に写った時には親にも自慢して見せた。自分に才能があるのではと大いなる錯覚をしたのもその時である。

我々世代には、カメラは「高嶺の花」というイメージがある。中学生の時に親父がヤシカ製の二眼レフカメラを持っていたので、時々そのカメラで周辺の景色を写し始めた。当時はフィルム感度が低く、明るいレンズもなく、露光の設定は全て手動、天気の良い日以外はあまり綺麗に撮れなかった記憶がある。

高校に入ってフィルムの現像から引き延ばしまで自分でやるようになる。写真の面白さも一段と幅が広がり、二重露光、増感現像、あおり焼きなど次第にテクニックも覚えていった。

現像・引き延ばしは布団を出した押し入れの中。フィルム現像は途中の確認ができず一発勝負、最もスリルを味わう瞬間である。一方、引き延ばしは現像液から薄らと映像が浮かび出てくる、この瞬間の感動が忘れられない。

一九六〇年代頃から一眼レフカメラが流行し始め、早速『アサヒペンタックス』を購入した。交換レンズも揃え、モノクロ写真を大いに楽しんだ。しかし、一九七〇年代にはカラー化時代が到来。現像・引き延ばしはすべて専門業者に出すこととなり、写真への興味を失い、きっぱりとやめてしまった。

プロセスを一方的に変えてしまうと、そのものの魅力をまったく失うという最初の体験であった。趣味の分野であればやめれば良いが、仕事となると困ったこととなる。後に現場技術者の仕事として同じ悩みを持つこととなる。

最初に使用したヤシカ製の二眼レフカメラ

写真の奥深さ　―デジタルで撮影の楽しみ復活―

再びカメラを始めることとなったのは、デジタル化であった。

今から二十年前にデジタルカメラを購入。最も活躍したのはゴルフである。最近はスマホで撮ってライン、フェイスブックやツイッターなどに掲載するようになったが、カメラが高嶺の花時代には意外にゴルフの写真は少ない。デジカメでゴルフ仲間のプレーを撮り、家に帰ってパソコンで処理し、メールがあれば直ちに送付。ない人には葉書にプリントアウトして郵送。しばらくはこのサービスが評判を呼んだ。

画像はすべてパソコンで処理し、自宅のプリンターで印刷でき、モノクロフィルムと同様すべて自分で処理できるようになり、私にとっては楽しみの復活である。デジカメに慣れた頃に名古屋テレビ塔株式会社に異動することとなった。

テレビ塔に入ってビックリ。入場のお客様に配付するパンフレットや塔内の掲示に使われている写真は古いものばかりで、何となくセピア調の雰囲気である。聞くとプロの撮影には金がかかるので—とのこと。ここではまだフィルム時代の「カメラは高嶺の花」が続いていた。

早速、出始めていたデジタル一眼レフカメラ『EOS10D』を購入し、交換レンズ、フィルムカメラもすべてキャノン製に統一した。

初期のデジタルカメラはフィルムに比べて性能が劣っていたが、『EOS20D』、『EOS5D MarkⅡ』、『EOS5D MarkⅢ』と次々と性能が改善されていったのもデジタル技術の成果であろう。

テレビ塔で開催されるイベントを含めて年間六千から八千枚を撮り続けて、二〇一四年で十二年目を迎えた。様々な環境変化の中で、レンズを通して被写体としてのテレビ塔を見ていると不思議と愛着が深くなるものである。

久屋大通公園やテレビ塔周辺を歩いている時には、今もって新しいビュースポットを発見することがある。写真のもつ奥の深さとテレビ塔誕生の奥の深さに共通する意味合いを感じている。なぜ、テレビ塔は道路上に民間施設として建設できたのだろうか。

最近愛用のカメラ

世界トップの技術水準にあこがれ
―「どうしてNHKに入りたいと思ったか」―

ＮＨＫを選んだ理由は、中学生からの愛読書『初歩のラジオ』『ラジオ技術』に登場する講師がほとんどＮＨＫの技術者だったからである。ＮＨＫに入れば記事が書ける技術者になれると夢見た。

入社試験の面接でも当然のように「貴方はどうしてＮＨＫに入りたいと思ったか」を聞かれ、正直に中学生からの思いを話した。幸いにして合格し、名古屋放送局現業技術課ラジオ運行係に配属となった。

この職場は、番組運行表によって決められた時刻に、決められた番組を送出する役割であった。ラジオの放送時刻は朝五時から二十四時までで、担当者が全ての放送を常時モニターし、番組の発局が変わると手動で切り替えていた。

放送は科学企業だと思ったのは、ラジオ部門でも毎年新しい機器が導入され放送設備に変化のない年はなかった。もちろんテレビジョン放送は拡張期にあり、毎年大規模な技術設備の充実が図られていた。このように放送は激しい技術革新の道を歩み続けている。

この技術革新によって放送サービスの充実はもとより設備の安定化、自動化を進め、要員体制の効率化を具体的に進めていった。対外的にあまりPRされていないが、NHKは現場においても常に新しい技術開発を行い視聴者サービス向上と効率的運用に努めてきている。私自身NHKで何に最も努力し、どんな成果を上げたかを問われれば「技術要員の削減」と答える。

逆にこのことが次への技術開発活動を弱めていかないかが心配された課題でもあり、仕事のプロセスがまったく変わることにより、現場の技術者の役割も大きな転換期を迎えることとなった。このことに悩んだ一人でもある。

もともと放送は、人類が発見した電波を有効活用した科学企業である以上、常に技術革新への歩みそのものが放送の継続可能な道筋を創るものであることを実体験した。

科学の進歩はとどまるところを知らない、今後も飽くなき開発の追求が続くであろう。今後、話題となっている４Ｋ、８Ｋさらに８Ｋの３Ｄなどさらに人類の夢は膨らむ。

ＮＨＫ旧名古屋放送会館

現場の創意工夫が自由
―電話交換技術活かし忘失ミス防止―

ＮＨＫの中であまり人気の高い職場ではないラジオの運用技術職場に配属され、常に人為事故と隣り合わせでの仕事にプレッシャーを感じた。

職場の先輩たちも「ここは減点職場、うまくいって当たり前、何かあれば叱られることばかり」と嘆いていた。最も多いのが番組の切り替え時刻の忘失や操作の間違いである。最初は割の合わない職場に配属になったものだと思った。

一年ぐらい経験したころに明かりが見え始めた。毎年の予算計画の中に技術改善計画提案があり、現場からの提案でも予算がつくことがわかったからである。早速、忘失ミスの防止システムを提案した。

電話交換に使用していた技術を活用して、秒単位の精度をもつアラームを製作。それに時刻表示として岡谷無線（現岡谷電機産業）の大型数字表示真空管を組み合わせた。NHKの標準時計から信号をとり、〇・一秒単位の誤差で信頼性は極めて高い。これがNHKでの初仕事であった。

〝減点職場〟と言われても、減点の要因をテーマに考えると前向きな仕事ができることを経験した。現場は日常業務だけで精一杯、上司や先輩の指導と理解がないとできないことも同時に学んだ。

NHKでは、現場における技術改善の発表会をブロック単位（東海・北陸ブロック七県）で開催しているが、一九九二年九月からは民間放送各社との「中部放送技術フォーラム」を立ち上げ、東海・北陸地域のNHKならびに民間放送各社と合同で技術発表会を行ってきている。

これも全国で初めて、六十年前にNHKとCBCが共同でテレビ塔を建設した精神が大きく成長している証左でもある。

放送は約三十年毎に、ラジオ、テレビ、衛星放送、そしてアナログからデジタルへと新しいメディアへ発展・成長してきている。また、一つのメディアの中でも常に新しい技術を取り入れて激しく進化し続けている。

技術革新のうねりを即座に導入し続けてこれたのは、放送開始以来、現場技術力が健在であった証左だと思う。今後も通信分野を含め、さらに加速度的に進むことは必定、一層の現場技術の頑張りを期待したい。

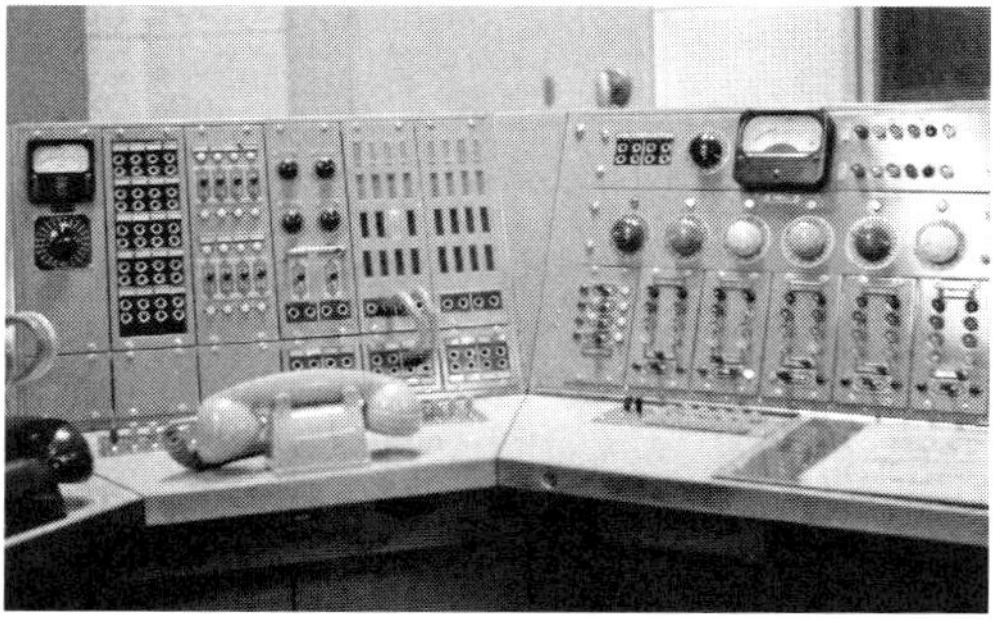
当時のラジオ操縦卓

縁は異なるもの

―威風堂々、入局後に職場となる―

テレビ塔が開業したのは一九五四年六月、私が中学三年の時である。その年の秋に友人とテレビ塔へ自転車で出かけた。テレビ塔の足下には行列ができ、何時間も待たなくてはならない。テレビ塔を何回も周回して塔の大きさに圧倒されて帰ったのが、初めての出会いである。

一九五九年九月、名古屋は伊勢湾台風に襲われ大きな被害を出した。住んでいた近くの豊国神社のある中村公園は大木が倒れ、公園全体が一変してしまった。市内至る所で家屋の屋根瓦が飛んだり、木造壁が壊れたり、強風による被害が大きかった。

その中でビクともしなかったテレビ塔は、何事もなかったように威風堂々としていた。それ以来テレビ塔を見ると、災害に強いテレビ塔、防災タワーという印象が残った。

それからテレビ塔との出会いは六年後にやってきた。一九六五年四月にテレビ塔勤務を命ぜられた。職場の名称は名古屋放送局技術部神楽町テレビ放送所である。当時のテレビジョン放送の送信設備は故障が多く、しかも放送機は高価で虎の子の一台だけである。この一台が故障すればテレビ放送は送出できなくなる。技術者が常駐し、毎日の保守点検や常時監視を行っていた。

放送所技術者は十五名ほど、三名一組で仕事の内容や休憩などの時間がきちんと決められた線表勤務である。朝六時から夜十二時までが放送時間、整備の仕事は放送終了後から翌朝の放送開始までの六時間である。この六時間は極端に短いのである。故障原因の究明調査などをしていると、あっという間に放送開始を迎える。

当時は真空管を始め各部品のもつ性能を最大に発揮して、何とかテレビ放送が送出できた時代で、少しでも部品の性能低下や不具合があれば直ちに放送に影響する。これを早期に発見し予防することは至難の業である。それだけに現場技術者の生きがいや技術力向上の源となっていた。

とくに災害が発生したときの放送の役割は極めて大きい。その非常事態に備えた準備・訓練・対策に全力をあげていた。六年前に防災タワーとしての力強さを感じたが、それには舞台裏での必死の努力があることを知ることとなる。

開業当時のテレビ塔の賑わい

緊張感と不安感　—着任一週間目　故障の洗礼受ける—

テレビ塔に着任して一週間目に悲劇は起きた。私と入局一週間の新入職員と二人で勤務しているときに、突然教育テレビ放送が停止した。さぁ大変。まだ送信設備を理解していない素人同然のふたり、ＮＨＫ放送会館にある演奏所からインターホンや外線電話が鳴りっぱなし、とにかく大騒ぎである。

新人に「電話は一切無視、電源から一つずつ点検だ」と叫んでいた。新人を階のちがう電力室に走らせて電源を確認、異常なし。放送機本体の点検を始めた。電源スイッチを全部「切」にして一個ずつ入れていく。一つのスイッチで電源が入らないことを発見。原因は電源部のＭＳ（マグネットスイッチ）の接触不良であった。放送は三十分近く止めた。テレビ塔勤務一週間目の強烈な試練であった。

放送機は総合、教育テレビともに一台、故障の場合はその一台を回復させない限り放送電波は出ない。いつ、どこが故障するかわからない緊張感と、故障が果たして直せるかという不安感の中での勤務である。当時の送信設備で最も不安定な部品は真空管（送信管）であった。

最も勉強したのが送信管、しかし努力しても故障は完全にはなくならない。ならば予備品を使って、もう一台放送機を組み立てておいたらどうだろうか。故障の時に部品を交換する手間が省け、早く切り替えれば障害時間はかなり短縮できると考えた。

しかし、放送機をすべて製作するのは部品数や経費などから見てとても困難。ならば経費、故障頻度を考えて部分的に予備系の製作を行い、故障時の応急措置に備えた。これで少しは不安感の解消にはなったのでは。

ここで、かつてラジオやアマチュア無線送信機を製作した経験が活きた。母親が「何事も経験しておいて損はない。機会を逃すな」と言っていたことを思い出す。

「企業は常に戦争状態、社員は緊張感を持ってあたらなければならない」といわれるが、私にとってこの緊張感と不安感の経験が仕事に対する姿勢を変えてくれた。ここからが私のプロ意識のスタートだったように思っている。

神楽町テレビ放送所のテレビ放送機室

仕事は自分でつくる　―障害に備える工夫に〝やりがい〟―

テレビ塔の営業時間は朝九時から夜七時まで、この間は観光のお客様の視線を背に仕事をしていた。放送所の周りがガラス張りの回廊。お客様から見れば冷暖房完備の中でいつもテレビを見られて、楽で良い仕事だと映っていたことだろう。どんな仕事でも外見は良く見えると言われるが、テレビ塔の仕事もそう見られていると感じていた。

いつ故障が発生するかわからない緊張感の中での勤務である。勤務体制は十時から十七時、十七時から翌朝十時までの二交代制であった。一日三回の放送機のデーター点検があり、このデーターがその日の放送機のご機嫌を表す顔色である。

一年ぐらい経験すると、故障が起きるときは点検データー、異常音、匂い、発熱および保守整備記録などから何となく予感できるようになるから不思議である。

当時の送信管は寿命が短く障害が多いため、常にご機嫌伺いが必要であった。放送機の分解整備は毎晩放送が終わった深夜6時間の間に集中して実施した。何としても事故を起こさないための新しい工夫を採り入れながら徹底した努力が続けられた。一方で、何もしなくても運さえ良ければ毎日が通り過ぎていく職場でもあった。当時の職員間の意識と努力の差は大きかったように思う。

現在でも企業研修などでは「仕事は自ら創るもので上司から命令されるものではない」と言われるが、テレビ塔はまさにこのモデルのような職場であった。自分で考えてやればやるほど仕事が面白くなることを実践できたことは、人生にとって〝幸福の女神〟に出会ったようなものだ。

技術者の世界では、開発・設計・製造に従事している技術者に比べ設備管理業務はやりがいが少ない仕事といわれがちだが、当時の開発途上にあるテレビ放送技術においては、現場こそ開発のアイデアの宝庫、やりがいを強く感じていた。

最近、電子産業が生んだＩＴ産業は、ますますスピードを上げて技術革新が進められているが、製造者側の都合ばかりでなく、利用者や運営者側に立つ視点での取り組みも重要ではないかと感じている。

保守整備中のテレビ放送機

真空管技術　―道楽息子？の真空管対応にワクワク―

今日、放送・通信技術がめざましい発展を遂げたのは真空管の存在が大きい。十九世紀の「真空中の熱電子放射現象」の発見から始まり、二十世紀初頭には製品化、今日のエレクトロニクス時代の創始者の担い手として栄華をほしいままにした。しかし、二十世紀半ばに登場したトランジェスターとその後発達した半導体製品に主役の座を譲り、最近では一般の人の記憶からも消え去ろうとしている。

現在のスマートフォン、パソコン、自動車、家電、その他あらゆる分野で使われている半導体は、真空管という基礎があったからこそ実現できたのであり、そのコンセプトは形を変えて現代に生きている。

また、真空管はガラス加工、金属微細加工、セラミック加工など幅広い産業の技術的進展への貢献も大きい。

放送分野において、真空管を制する技術者が活躍した時代があった。テレビカメラも「撮像管」という真空管であり、他の放送設備もすべて真空管のかたまり。とりわけ、大電力を扱う送信技術においては送信管一本一本の働きが放送電波の安定運用を大きく左右した。名古屋放送局のテレビジョン放送の出力は十キロワット、東京の五十キロワットに次ぐ全国二番目の大きさであった。

放送機は一本の大型送信管で十キロワットを出していた。この大型送信管はご機嫌をとるのが実に難しい。わずかな温度変化や周辺回路の調整が悪いと怒りをあらわにし、時には華々しく火花（スパーク）を出し、近くの部品を溶かしてしまうことさえある。

現場技術者は徹底した送信菅の性能、特質などを熟知し、実践も重ねて運用ノウハウにおいては、メーカーの技術者よりも詳しくなっていた。

現場こそ〝アイデアの宝庫〟と大いに燃え、今でもわくわくする気持ちがよみがえる。これは親の言うことを聞かない道楽息子の役割を演じた真空管のお陰と言える。

当時は放送技術にみられるように、現場とメーカーなど技術者が一つになって日本のものづくりの基礎と応用を築いた時代であった。こうして日本の放送技術は世界の無線・放送産業をリードしたと言える。このまま「消えた真空管」として忘れ去っていいのだろうか。

出力 10 キロワットを出す送信管

安請け合いのお人好し

―〝技術〟以外の世界知る貴重な機会―

一九六五年当時、テレビ塔は年間百万人以上の入場者があった。テレビ塔を訪れるお客様は観光客であると同時に、ＮＨＫにとっても大切な視聴者である。テレビ塔はＮＨＫの仕事を理解していただく視聴者とのふれあいの場でもあった。このため、番組広報や受信料制度に関するＰＲポスターやパンフレットをおいていた。

現在のＮＨＫでは、全職員あげて受信料制度の理解と収納業務への活動を展開しているが、当時は専門分野毎に業務の仕切りが明確で、他の業務を考えたり、行うことは少なかった。逆にテレビ塔に来たら、直接視聴者とのふれあいがあることで新鮮な感じで貴重な勉強の場になった。

技術の仕事は専門用語が飛び交い、一般にはわかりにくい。これをテレビ塔を訪れたお客様に理解していただくポスターやパンフレットを職場で提案してみたが、ほとんど担当が違う、技術は放送電波を安定的に出すことだけに専念せよ、という雰囲気が強かったように記憶している。

ＮＨＫにあこがれて入った以上、放送技術者である前にＮＨＫ職員でありたいという想いがあり、他部署からの要請には協力を惜しまなかった。上司、同僚からはどう見られていたか、おそらく外に良い顔をする奴と見られていただろう。このとき、外からの要請にこそ全面的に協力をしようという気持ちが芽生えたような気がしている。

自分の実力や周辺の迷惑も顧みないで「安請け合い」し、「お人好し」人生の始まりだったかもしれない。そのお陰か、これまでに未熟な一技術者でありながら技術以外の様々な世界を見させていただいた幸せを感じるのも歳のせいだろうか。

テレビ塔は私にとって仕事のあり方を教えてくれた人生の修行の場であり、体験の場であった。この後、再びテレビ塔に向かう道程が用意されているとはまったく気づいていない。

テレビ塔でのＮＨＫ広報活動

現場技術者の矛盾
──半導体化が保守管理の中身変える──

一九六五年頃から、テレビ放送設備は新しい技術開発によって徐々に安定化してきており、さらに真空管から半導体化が始まり、ますますシステム全体の信頼度が向上していった。そして、テレビ放送所でも総合テレビ・教育テレビとも二台の放送機が整備され、故障の場合には自動で瞬時切り替わり、放送を止めることもなくなっていった。

名古屋局は一九六九年にテレビ放送所の自動化システム化（放送機二台化）の導入と同時に無人化を行い、常駐していた技術者を全員引き上げた。自動化初期の段階では真空管を使用していたが、徐々に半導体化が進められ、やがてすべて半導体に置き換わっていった。

この半導体化は、これまでの現場技術者にとって大きな影響を受けることとなる。設備のメンテナンスでの調整をまったく必要としないシステムとなっており、真空管技術を中心とした専門力がまったく意味がなくなるのである。技術開発という技術者自身の取り組みが、保守管理という技術者自身の存在性を失うという矛盾である。時代の流れといってしまえばそれまでだが、保守管理業務に人生をかけて努力した者ほど割り切れない思いである。

かつてモノクロ写真がカラーになり、現像、引き延ばしという自分の楽しみがなくなり、きっぱりやめてしまったことを思い出す。趣味であればやめたですむが、仕事では深刻。十八世紀に始まった産業革命ほど大きなものではないが、放送分野における技術者のあり方には大きく影響を与えるものであったことは間違いない。

ラジオ時代からテレビ初期の時代においては、人的な運用技術力によって設備の信頼性を一定のレベルに維持し、そこに現場技術者の使命があった。私自身が悩んだ末に出した結論は、これまでの部品レベルの対応からシステム全体として考える。すなわち、システムとしてどのように活用し、維持運用を図るかという視点からの専門力育成が必要であることだった。

この頃から「システムエンジニア」という言葉も生まれ始めていた。常に技術革新を推進する立場の技術者でありたい。テレビ塔での貴重な教訓であった。

当時のテレビ監視調整卓

企業コストはＮＨＫで勉強
――中継局建設を機に経営感覚意識――

一九六九年のテレビ放送所の無人化工事の後、担当したのがテレビ中継局建設である。日本は山岳地帯が多いため、山などの地形によって放送電波が遮《さえぎ》られ、良く映らない地域への中継局が必要である。

テレビ中継局の歴史は長く、一九五四年三月に名古屋局がテレビジョン放送を開局したが、その年の六月には愛知県瀬戸市において全国初のテレビ中継局（ブースター方式）の実験を開始している。それ以降、対象世帯数が多いところから順次テレビ中継局の建設を進めてきている。

一九七五年当時は一千世帯ぐらいを対象地域としていた。この東海地域では豊田、足助などが建設の候補地域、とくに足助地域では思い出が深い。

仕事は現地調査から始まる。使用するチャンネルと送信場所を決める電波調査と足助町役場に出向き、建設への協力を要請することである。足助町役場では大歓迎、即座に町役場の窓口を決めてくれた。

使用するチャンネルは東海電波監理局（現在の東海総合通信局）と折衝。送信場所の確保は足助町役場の協力で解決した。このように足助町役場の全面的協力で予定の日程どおり開局することができ、役場主催で開局祝賀会まで開催された。担当者としての感激は今でも忘れない。この仕事を通じて、地域から感謝されることの喜びは、まさに仕事の原点「目から鱗」となった。

また、公共放送とはいえＮＨＫも企業である以上、投資、運営コストは重要な経営課題であり、テレビ中継局の建設で費用対効果をどうみるかが現場でも問われた。私自身、これまで一つひとつの業務の中で費用対効果を検証することがなかっただけに新鮮なテーマとなった。

その放送区域からの受信料収納額と投資・運営経費のバランス、純民間企業であればペイできないところに投資はしないのが原則だが、ＮＨＫは放送法で全国あまねく受信できることが義務づけられている中で、どの程度の投資が許されるかである。企業コストを考えるスタートとなった足助地域へのテレビ中継局の建設は、私に欠けていた経営感覚を考えるきっかけとなった。

建設中の付知テレビ中継局

花のお江戸は激務 友人とも会えず ―計画実行部隊から策定する側へ―

一九八三年七月、東京に異動となった。職場は技術本部計画部。全国の技術施設・設備の整備計画と技術関係の国会対応である。今まで技術本部で決定した整備計画を実施する側から、計画そのものを策定する側への転勤である。

着任日は朝から関係部署へ挨拶回り、名古屋と違って部署が多いから時間がかかる。新人が来たというので夜九時から歓迎会、終わったのが午前様。翌日は机の上に六十センチ以上の書類の山、全国から寄せられた技術計画提案の資料である。

その週は何が何だかわからないまま帰りは午前様。これが本部機能かと、意気込みと驚きと疲れが一度に。翌週からも同じパターンである。昼間は会議が多くまとめの作業ができず、夕方みんなそろって食堂で集団給食後やっと作業に入る。作業は早くて十二時、遅い時は深夜三時頃にも。これが翌年三月の国会審議まで続いた。

ＮＨＫだけでなく郵政省（現総務省）の関連部署も同じような勤務で、急遽夜九時過ぎから打合せもある。やはり本部と地方とは会社が違うかと思うほど緊張感と時間密度に差があるようだ。友人が東京に来て夜の食事となるが、明日の会議や幹部への説明資料作成に追われ、とても付き合う時間がない。ずいぶんと失礼をしてしまった。

頭でわかったつもりでも、実際に経験しないとわからないことや意識がついてこないことが多い。一つの計画も物事の原点をおさえ、いろいろな部署との調整がないと決定ができない。その調整役が計画部の役割である。昼間は走り回って深夜にかけてとりまとめる。この生活が五年続いた。正直に言って最初の一年はかなりきつかった。

しかし、年数とともに不思議と仕事漬けの毎日が楽しくなるから人間の順応性はたいしたものだと感心する。東京で学んだのは、仕事のスピード感と些細なことでも必ず原理原則、原点を押さえることである。NHKとして決定することの重みである。現在、社長業も十一年を過ぎたが、決定する重みはいまだに東京の仕事を思い出している。

ＮＨＫ放送センター

文字多重放送がデジタル放送の始まり ―視聴者に直接デジタル信号送る―

一九八四年は〝ニューメディア元年〟と言われたが、NHKが衛星放送の実験放送を始め、日本電信電話公社（現NTT）がキャプテンシステムを始めた年である。日本はこの年をスタートとして多メディア時代へ向けて走ることとなった。

新しい放送技術の開発方向として多メディアに向かい始めており、当時のテレビ放送に重畳《ちょうじょう》して伝送する文字多重放送や緊急警報放送、そしてファクシミリ放送の技術方式や基準の検討が進んでいた。

このうち文字多重放送を担当することとなり、純技術的な面はNHK放送技術研究所が担当しているが、これに制度上や運用上の問題が技術本部計画部の担当となっていた。日本の放送技術基準は郵政省所管の電波技術審議会に諮問し、その答申を受けて郵政省が法整備などを行い、新しい放送方式が実施の段階となる。

文字多重放送は一九八三年から東京、大阪で総合テレビを使った実験を行い、技術基準の策定に入った。もともと文字多重放送は英国で一九七四年に放送開始した『シーファクス』が手本となっており、これの日本語版である。

日本語は英語と違い漢字表記のため伝送するデータ量が大きく、表現も複雑。したがってデジタル信号では放送局と受信機との間で不具合が発生しやすい。このため技術基準を定めた後、さらに郵政省、放送事業者および受信機メーカーとの間で詳細な運用制限要領を策定し、視聴者に対して安定したサービスが提供できるようにした。この経験が後の様々なデジタル放送の技術基準の検討に活かされることとなった。

このようにして文字多重放送はニュース・天気・生活情報なども提供できる

よう充実し、一九八五年に全国で総合テレビに文字多重放送として本放送を開始した。視聴者に直接デジタル信号を送る初めての放送となった。

現在の地上デジタル放送のデータ放送にも技術的ノウハウは活かされており、今やパソコンやスマートフォン、電化製品など放送以外でも〝デジタル技術がすべて〟と言うほどに普及しているが、この文字多重放送がデジタル技術導入の先駆者的役割を果したことはあまり知られていない。

文字多重放送を開始した当時のＮＨＫ放送技術研究所

世界を見た国際放送の仕事　―電波は先人が確保した貴重な資産―

ＮＨＫラジオによる国際放送は太平洋戦争後の一九五二年二月に再開し、順次放送時間や放送言語数、技術設備などの拡充を行ってきたが、一九八〇年代になると諸外国が短波国際放送による情報発信の強化を図ったため、日本は相対的に発信力低下を来すこととなった。

このため、国内唯一の送信所であるＫＤＤ（現ＫＤＤＩ）八俣送信所の総合整備を三カ年間（一九八四年から一九八六年まで）で総工費百三十八億円をかけて実施した。その整備内容としては、送信機の増設、高利得アンテナの新設などである。この計画を始めた一九八四年から四年間あまり国際放送の技術部門を担当することとなった。

短波帯を使用した国際放送は、使用する周波数を対象放送エリア、季節、放送時刻および太陽の黒点活動周期などにより変えなければならない。このため、国際電気通信条約に基づき半年毎に国際周波数登録委員会に事前に登録申請し、許可を得て使用する周波数を決めている。

どの周波数を選ぶかは、世界の大電力送信局の動向や現地の受信状況、さらに今後の電波の伝わり方の予測など戦略的に検討を進めている。例えば、外国の大電力局と同じ周波数だと現地での良好な受信は望めず悲劇が起きる。現在、放送中の大河ドラマ『軍師官兵衛』なみの戦略が問われる仕事である。

このように国際放送で使用する周波数は各国との激しい競争下にあり、まさに〝戦争状態〟といっても過言ではない。国内の放送・通信は国際的な周波数割当により、国毎に使用周波数が決められているため、電波が国家間の厳しい状況にあることを実感できないが、短波国際放送を通して、いかに電波が地球上で極限られた貴重な資源であるかを再認識する機会となった。

また、国内の放送分野で見てもラジオの中波、FM、マルチメディア放送の超短波、地上テレビ放送および衛星放送の極超短波に使用している周波数も、先人の技術開発力と必死の努力で確保した貴重な日本の電波資産である。電波も日本から一歩世界に出れば激しい競争社会であることを実感した四年間であった。

ＫＤＤ八俣送信所

眺望の的「アンデスの声」訪問　―ベリカードに感激した放送局へ―

海外関係の仕事は国際放送の四年間だけであるが、貴重な経験となった。一九八七年十月から十一月にかけて、国際放送調査団の一員として中南米諸国へ行った。調査対象国はコスタリカ、ドミニカ、エクアドルの三カ国。目的は日本の国際放送拡充のため、海外の放送局との交換放送の相手探しである。結果は、三カ国とも直ちに交換できる条件の放送局が見つからなかった。

日本では短波放送はあまり馴染みがなく、国内放送としては日経ラジオ社（旧日本短波放送）のみで、海外向けとしてNHK国際放送が全世界に放送している。この放送を日本で受信することはほとんどできない。

しかし、中南米地域では国内外向けに短波放送が盛んに放送されている。カリブ海周辺で短波放送を受信するとラテン音楽のオンパレード、さすが中南米は音楽好きの民族の集まりだ。

この調査で最も感動したのはエクアドルにある「ＨＣＪＢアンデスの声」へ訪問出来たことである。中南米地域で最大級の国際放送局であり、ＮＨＫの国際放送の送信設備規模より大きく、送信機の出力もＮＨＫが百キロワットに対して世界の主要な国際放送局並の五百キロワットを保有していた。

しかも放送設備は五百キロワット送信機を含め、その多くが職員の手作りであり、かつてのＮＨＫの現場の一風景を思い出していた。また、当時は日本語放送も実施しており、中南米地域の日本人移民からは大変好評を博していた。しかし、キリスト教の宗教団体が経営母体となっているため日本との交換中継相手には馴染まないことは残念であった。

高校生の時に世界の短波放送局の受信（「ＤＸ」という）に熱中し、「ＨＣＪＢアンデスの声」を受信、ベリカードをもらって有頂天になったことがある。

当時「ＤＸ」仲間では、「ＨＣＪＢアンデスの声」のベリカードがリスナー資格の証のような存在になっていた。

その放送局を訪問できたのである。徹夜で自作の短波受信機にかじりつき、波の音のような雑音の中からかすかに「ＨＣＪＢ」のコールサインを聞き、ベリカードに感激した青春。その時の情景が今のようによみがえっていた。

「アンデスの声」で使用されている可変指向性送信アンテナ『エッグベーター』

放送会館建設は街づくり　―愛知県、名古屋市、ＮＨＫが地域開発―

テレビ塔のすぐ東南角にあったＮＨＫ旧名古屋放送会館は、一九五五年七月にテレビ放送開始に伴って建設され、〝白亜の殿堂〟と呼ばれた。その三十三年後、一九八八年十二月に今度は放送のデジタル化に向け、新しい名古屋放送センタービル建設の起工式が行われた。私はその半年前に東京から名古屋に戻った。

この新放送センタービルは、ＮＨＫにとって全国初となる画期的な取り組みをもっての登場であった。すなわち、愛知県、名古屋市及びＮＨＫの三者による新しい情報・文化の拠点づくり、名古屋市の栄公園総合計画と一体化した地域開発、そして二十一世紀に向けＮＨＫの放送機能を先取りする施設づくりである。

ＮＨＫにとって単なるビル建設ではなく、愛知県、名古屋市と大規模な開発事業による新しい街づくりをめざす取り組みとなった。

久屋大通地域の新しい街づくりの動きは五年前から始まっていた。一九八三年二月に名古屋市による第一回都市景観整備推進委員会が開催され、委員会冒頭の名古屋市計画局間野誠局長の挨拶に「ゆとりある街づくりのため新たなモデル事業の推進」と、出席した私のメモにある。

そして、名古屋市は初めての都市景観モデル地区に「久屋大通」を指定した。その時から始まった久屋大通地域の街づくりの流れが、ついに愛知県、名古屋市及びＮＨＫの三者による共同開発事業まで進展したことに感銘を受けた。

その三十一年後の二〇一四年二月、再び「久屋大通公園都市景観形成推進委員会」（都市景観整備推進委員会が改称）が開催され、「にぎわい、憩い、親しみを感じる活力ある都市空間をめざす」として都市景観形成基準の見直しなどの検討に着手した。

推進委員会の初代会長には当時のテレビ塔社長が務めているが、その三十年後に図らずも私がお請けすることになったことも不思議な縁というしかない。赤い糸によって導かれているのだろうか。歴史は繰り返すというが、現在、久屋大通地域の活性化や魅力創出など再び新しい街づくりの期待が膨らんでいる。

新名古屋放送センタービル建設用地

カットオーバーは終夜放送
―新館への放送切り替えに感慨無量―

新しい放送センターは二十一世紀にちなんで二十一階建て、ＮＨＫ放送会館建設史上初めて民間企業との共同建設・共同運用方式を採用。従来の放送機能だけを備えた放送会館から放送・通信・コンピューターの事業体などが活動拠点となり、世界に向けた放送、通信、情報、文化の発信基地をめざす、まさに地域開発という視点で整備が進められていった。

順調に工事は進められ、起工式から約二年半後の一九九一年八月二十六日にビルオープンの式典が盛大に行われた。オープン当日は一般公開もあり、大勢の市民の行列ができ全国へテレビ中継を行っている。

放送現場として最も山場となったのは、ビルオープンの一週間前に実施したカットオーバー。すなわち、旧放送会館から新しい放送センターへの切り替えである。八月十八日の放送終了直前、旧放送会館で運用していた技術設備の〝火落し式〟が行われた。

一九五五年七月から伊勢湾台風や幾多の地震発生時など、いつでも放送の社会的使命を達成、多くの先人たちの努力、白亜の殿堂として視聴者から親しまれた放送会館、三十六年間の歴史を閉じる最後の夜であった。

これだけの大規模なカットオーバーは、誰もが初めての経験。ラジオはすでに終夜放送、テレビも一九九一年六月に発生した雲仙普賢岳大火砕流対応の放送延長や早期放送開始があり、放送休止時間はごくわずかしかない。

首脳部の間で議論となったが、視聴者サービスを最優先に放送を中断することなく実施することを決断。準備万端、少しのトラブルもなく完璧に成し遂げてくれた。私が技術責任者を務めたが、すべてはスタッフの必死の努力のお陰、技術者冥利に尽きるとはこのことであろう。

闘い終わって旧放送会館は「夏草や兵どもが夢の跡」。このカットオーバーそのものは終わってみれば一瞬であったが、この三十六年間で激しい技術革新が進み、その牽引力となった先人の努力と思いを考えると歴史的な重さが伝わってくる。その重さは新放送センターで再び「兵どもの夢」を実現する努力として継承して行かなければならない。

旧放送会館での火落し式

もう一つの悩み　―蓄積した技術が企業から消える現実―

新放送センターへの移行にあたって一つ深刻な悩みを持っていた。真空管の半導体化により現場技術者はそれまで培った技術力が活用できなくなったことを述べてきたが、今度はＮＨＫから仕事そのものがなくなってしまう悩みである。

具体的には電気設備・空調設備を専門的に維持管理している職場である。いかなる災害時にも放送の確保という社会的な使命からその源となる電気や空調はＮＨＫ自身で確保すべきものとして管理体制をつくってきた。

当時はかなりの企業がＮＨＫと同じ体制となっていたが、技術革新による大幅な信頼性・運用性の改善により有人から無人体制に移行し、専門分野の分業化も進み、保守管理業務そのものを外注化し、ＮＨＫでは電気・空調専門職をなくす動きとなった。

該当する職場ではビルオープンの二年前ぐらいから検討を始め、結果的には全員が番組制作・運用技術・受信技術など他の技術職場に異動し解決をしている。

企業では様々な事業の見直しなどにより組織の改変や廃止もあるが、技術者の場合は長年の努力で身につけた専門技術が業務から消えるということが起きる。とくに長年にわたって変化のない職場ほど危ない。常に技術革新を取り入れている職場はその都度自らの存在性も確認でき、一気に職場を失うことは少ない。新放送センターへの移行は、こんな教訓を残すこととなった。

採用時は企業の必要性から専門技術者を採用し、長年その専門力で企業を支え、突然技術変化の都合で職場がなくなる。働くものにとって、これほど将来の生活までも影響を与えることは他にない。企業は人が財産である以上、常に安心して働ける環境の継続が必要であることを痛感した。

これからも様々な技術革新が進められるが、同じことが繰り返されない保証はない。例えば最近介護ロボットが話題にあがっているが、ある機能では人間並み、あるいは人間以上の優秀なロボットも登場するだろう。職種や業務によってはロボットと人間との争いとなることも考えられるが、常に人間をサポートする機能として人間に夢を提供するロボットを期待したいものである。

テレビ塔のＮＨＫ受配電設備

オールデジタルの世界へ　――大変革したニュース送出――

ＮＨＫ名古屋放送局は一九九一年八月十九日の放送開始から新放送センターで運用を始めた。新放送センターは全国に先駆けた様々な新しい機能をもった設備が導入された。その基本はオールデジタルシステムになったことである。地上テレビ放送が完全デジタル化する二十年前のことである。

新放送センターの入口でアナログ信号をデジタル信号に変換し、逆にセンター出口でアナログ信号に戻してテレビやラジオなどのアナログ放送を出すこととなった。

センター内はすべてデジタル信号で伝送・編集・収録を行う。ニュースセンターや編集を行うポストプロダクション（ポスプロ）などすべてデジタル化された。現場では戸惑いや不慣れによるトラブル、さらに放送事故につながるトラブルも発生した。

中でも大変革したのがニュース送出である。電子台本による新ニュースシステム（NCシステム）は、東京に次いで地方局では全国のトップ。これまでは技術職がニュース台本に従い切替操作や演出効果を担当していたが、事前にプログラムしたリソースを自動選択し、タイミングだけ従来のキューを出す演出側がボタンを直接押す。

最初はトラブルの連続。最大のバックアップ体制を組み、視聴者に迷惑とならない対応をとったが、放送事故にならないシステム障害は毎日数件以上発生し続けた。

NHKの技術設備は開発、製作とともに直ちに現場に導入し、運用に入る。このためハード、ソフト、人間系のあらゆる障害が現場で検証される。投資効果を早く出すことは当然であるが、むしろ「新しい挑戦はスピード感が命」というＮＨＫの文化が職場に浸透しているから現場が一丸となり、障害を乗り越えた取り組みができたのだと思っている。

このＮＣシステムもビルオープン記念事業の前夜、全国向けニュース冒頭に名古屋のＮＣスタジオが突然割り込むという放送事故が発生。このような事故の苦い経験が安定運用の糧となり、その後、ＮＣシステムは全国の放送局に順次導入されたが、名古屋局の運用実績が全国の運用モデルになったことは言うまでもない。ここにも名古屋の先駆者的役割の一端を見ることができる。

旧放送会館と新放送センタービル

初めての株式会社
―職場環境が大きく業績に影響―

一九九七年六月にＮＨＫを定年退職し、七月からＮＨＫ関連企業である株式会社ＮＨＫアイテックに入社した。アイテックは放送技術施設・設備の企画から設計施工、運用保守までを行う全国展開の総合技術会社である。

配属された名古屋支社は全国的な観点で見て、さらに活躍しなければならない使命を負っていた。入社から一年かけて事業構造や社内体制、業務の流れなどを勉強した。新放送センターで六年間、全国で最も進んだ放送局からアイテックに来てみるとＮＨＫではとっくに姿を消したり、変えたりしているものが多く目についた。

初めて株式会社に入社し、何としても売上向上に努力しなければと張り切ってはみたものの、最初から勢いだけでは動かない大きな壁にぶつかった。それはＮＨＫ出身者とプロパー社員との間に明確な意識差があり、複雑な人間関係も垣間見られた。これらが中部地域の状況を生かし切れていない要因の一つであった。

当初、入社して一年間は静かに勉強、二年目から動きだそうと考えていたが、私の性格から我慢できず最初から全力疾走。

まず全社員の意識改革である。それまでの事務所は古い縫製工場跡の木造二階建てであった。トイレも歩いて十分の地下鉄本陣駅を利用する社員も。見るからに士気が上がる雰囲気ではない。直ちに職場環境を抜本的に変える事業所移転の検討に着手した。

この新しい事業所探しや移転準備、さらには新事務所での業務体制までを二十歳代から三十歳代の若手社員に任せた。関連企業となると本社より平均年齢が高く、若手にクリエイティブな仕事のチャンスがなかったりすることがあるが、アイテックも早く若手の活躍を期待したいと思ったからである。

若手による新事務所への引っ越し計画は着々と進んだ。名古屋・栄にあるNHK名古屋放送局から久屋大通公園沿いに歩いて五分、新築のオフィスビルの五階ワンフロアーである。

引っ越しも若手の指揮のもと、エレベーターに乗って通勤するのは初めてと目を輝かす若い社員。「若い人が元気だと職場は明るい」と新事務所オープンに出席した社長の挨拶である。

事務所を移転した新築の 1091 ビル

事務所移転を業績向上に　―新事務所で大胆な業務改革始まる―

事務所を移転しただけでは意味がない。「新しい酒は新しい革袋に盛れ」と言うが、「新しい革袋には新しい酒を」である。事務所という新しい革袋、次には新しい酒を用意しなければならない。新事務所で大胆な業務改革が始まった。

最初に仕事の進め方である。もう過去となりつつあるやり方をまじめに守っていたために無駄やスピードが遅いものが目立った。まず、仕事の進め方の近代化を図るしかない。それにはＩＴを積極的に活用し、仕事の流れそのものを根底から造り替えることであった。丁度、タイミング良く「品質マネージメントシステム ISO-9001」に基づく活動を全社的に始めたところであった。

株式会社は「売上・利益が勝負、経費は売上の手段」であることを意識改革の柱におき、事業拡大や売上増のための営業活動を最重点としつつ、同時に能率の悪い仕事への業務改革を進めた。

その一つが会議である。会議そのものは利益を生まない、会議が長いところは仕事も遅い。特に社内の週一回定例部長会である。事前の資料づくり、上司への根回し、当日の紙配付、議事録の記録など、最も高給取りが一堂に会して半日間は長いなどなど。

会議の抜本的刷新のため、①完全ペーパーレス化、②事前準備作業ゼロ（事前説明もなし）、③終われば議事録完了、④会議は一時間以内という新しい会議システムの目標を指示した。そして、新事務所に移転した一九九九年十一月二十七日当日、社員全員による第一回全体会議を開催し、新会議システムの運用を開始した。新しい職場環境でみんなが前向き、会議について見事に目標四項目が達成された。

この意識と手法を会議だけではなく、通常の事務作業、現場工事管理や在庫管理に至るまで拡大し、お客様へのサービス向上とともに仕事全体のスピードアップ化が図られたのは大きい。アイテックでの事業部門評価は売上と利益であるが、名古屋支社は一九九八年から二〇〇二年まで五年連続で業績優秀賞をもらった。職場環境がいかに業績までも大きく影響するかを実践できた。社内のＩＴ化も一気に進み、独自の会議システムはＮＨＫ名古屋放送局や他の関連団体からも注目を浴びた。

新会議システム

地上デジタル放送へまっしぐら ―瀬戸の親局建設で説明に奔走―

地上デジタルテレビ放送は、二〇〇三年十二月に東京・名古屋・大阪で開始、順次サービスエリアを全国に拡大し、二〇一一年七月に東北の一部地域を除き全国一斉にアナログテレビ放送を終了した。

二〇〇〇年頃から在名のテレビ放送局は、二〇〇三年十二月開局を目指して親局の建設を進めていた。まず親局の候補地探しである。当初、名古屋市内の東山動植物園内に決まりかけたが様々な事情で困難となり、現在の瀬戸市に決定した。

東山動植物園の検討では、都市公園法の適用となることからテレビ塔の施設運営などの調査も行い、建設の場合にはテレビ塔が大いに参考になったと思われる。私にとっても都市公園法を勉強する良い機会となり、ここでもテレビ塔の登場である。一方瀬戸市への親局の建設では、アイテックも周辺地域への説明などデジタル化に向けてまっしぐらに走っていた。

このデジタル化を進める上で、もう一つの課題にデジタルで使用するチャンネルの確保があった。一部の地上アナログテレビ中継局のチャンネルの変更である。変更対象となる放送エリアでは各家庭のテレビ受像機などのチャンネル設定や受信アンテナの方向等の工事が必要となった。この対策は「アナアナ変更対策」と言われ、国費で全国的な規模で行われた。

アイテックでは対策世帯が多い岐阜県を担当。テレビ中継局数七、六万世帯以上の対策を実施した。工事は個々の家庭訪問による作業、極めて神経を使う仕事となった。視聴者にとって何のメリットもなく迷惑をかけるだけの仕事で、逆に国や放送局に対する国民からの信頼性を検証することとなった。放送のデジタル化という放送界にとって画期的な大変革を進める上での産みの苦しみの一つとなった。

これでラジオのように、最初の受信機でいつまでも視聴できるという〝放送の神話〟が崩れた。放送のデジタル化は放送事業者も相当な設備投資を行っているが、視聴者の受像機の買い換えを含め、全面的な協力があってデジタル化がスケジュールどおりに円滑に完了した。この視聴者の協力に応える観点からもより一層の地上デジタル放送の魅力創出が望まれる。

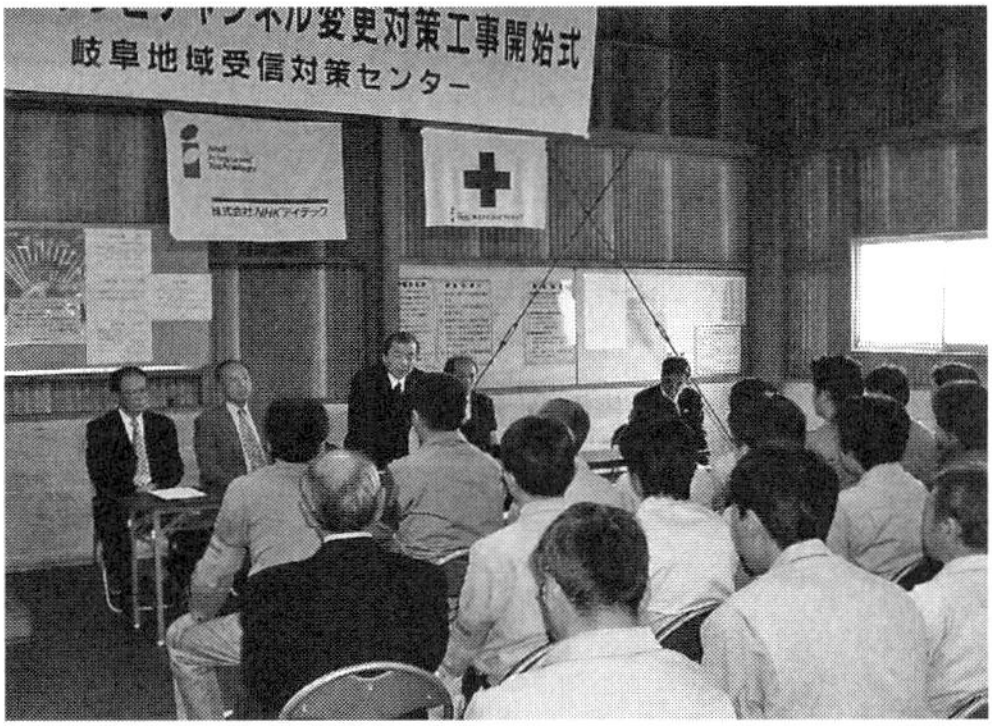

「アナアナ変更対策」の現場説明会

突然アナログへ異動 ――再びテレビ塔での仕事は何色？――

名古屋地区の地上デジタル放送開始に向けて最後の追い込みをしている最中、二〇〇三年四月に突然、名古屋テレビ塔株式会社（以下、テレビ塔会社）への異動の話があった。スピードを上げた車のギアをいきなりバックに入れるようなものである。「何故？」という疑問が頭を離れない。

テレビ塔の経営が苦しいことも聞いていた。一年ほど前に放送事業者から「テレビ塔の運営管理」の調査検討を依頼されたことがあった。経営の厳しさを示唆する一つの動きである。もしかしたらという疑問が頭から離れない。「幕引きのため最後の社長ですか」という疑問を投げた。「頑張ってほしい」としか返らない。

悩みに悩んで受けることにした。その心を動かしたのはただ一つ、若いときからのテレビ塔への思いだった。伊勢湾台風でビクともしない防災タワー、仕事の原点を教えてくれたテレビ塔勤務、デジタル親局検討でのテレビ塔モデルなどなど、断るにしては心の奥まで入り込んでいたテレビ塔。そして、NHK退職時に皆さんへの感謝に使った「テレビ塔写真のテレフォンカード」も気になった。

こんな経緯でデジタル最前線からアナログのテレビ塔に移った。話があってから二カ月半後である。一寸先は闇というが、三カ月先の保証はない。まったく逆の発想で仕事をはじめなければならない。

株主総会での社長交代となるが、その直前の決算取締役会に呼ばれて挨拶をした。おそらくこれまでの挨拶の中で、最もさえない挨拶であったと記憶している。そのあと、株主総会の直前に開業四十九周年記念パーティーがあるというので出席した。厳しい経営状況だから、さぞ社員は緊張感をもったお客様への感謝かなと。

しかし思いは裏切られ、社員はのんびり、身内だけの集まりであった。私自身がやらねばという気負いが強かっただけにそう見えてしまったのだろう。これからの課題と出発点が明確になったことは、後の会社改革にとって良かったことかもしれない。私のテレビ塔会社でのスタートはバラ色でもなく、夢のある将来などとは無縁で出発することとなった。

瀬戸デジタルタワー

不可能を可能にしたテレビ塔建設　―テレビ塔実現と戦後復興の意気込み―

テレビ塔で勉強を始めたのは、テレビ塔誕生の経緯「何故、道路上に民間施設が建設できたのか」である。

背景になっているのが太平洋戦争における名古屋空襲の被害である。ものづくりが盛んな名古屋は、戦時中には軍需産業の拠点、米軍の格好な攻撃の標的となった。このため、全国的にあまり知られていないが空襲回数においては東京に次ぐ第二位、広島、長崎の原爆による被害は別にして名古屋ほど徹底的な爆撃を受けた都市は他にない。このため、全市域の四分の一が灰じんに、特に都心部の東、中、熱田区は壊滅状態となった。

しかし、名古屋の戦災復興政策はどこよりも早かった。終戦の年、十二月に発表された「大中京再建の構想」がその歴史を物語っている。一気に市民の復興気運が高まり、大きな目標と難関をもった課題でも絶対に克服するという気概が生まれたように思われる。

その一つに百メートル幅の道路整備があり、久屋大通と若宮大通である。名古屋の市街地を走る二本の基幹道路は、戦前は住宅の密集地、多くの地権者から土地収用だけでも困難性は高い。飛行場でもつくるのかという批判もあったと聞く。

続くテレビ塔は、道路上に民間施設の建設である。常識的には不可能、これを可能にしたパワーとは何であったのか。その建設には強いリーダーシップをもった一人の開拓者「神野金之助氏」が登場した。

神野氏は一九二四年、ラジオ放送の免許申請を日本で最初に逓信省（現総務省）に提出し、一九二五年、名古屋でラジオ放送を開始した時の社団法人名古屋放送局（現NHK名古屋放送局）初代理事長である。テレビジョン放送の開始にあたってもテレビ放送が計画されていたNHKとCBCを一本化した放送用鉄塔と全国でも新機軸をなす観光施設を一つの高層建築として誕生させたのである。

さらに、この建設は愛知県及び名古屋市の行政と放送事業者（NHK・CBC）、テレビ塔会社の連携、それを支えた市民が生んだ大きな成果である。

再び、喫緊の課題となっている栄地区の活性化、久屋大通公園の魅力創出、テレビ塔再生事業は、六十年前に挑んだ不可能を可能にしたところに大きなヒントがあるのではと歴史を振り返る。

一般的には初めての挑戦はハードルが高いが、一端乗り越えれば次には低くなるものである。もう一度、大きな目標をもって行政と民間との強い連携、それを市民が支える新しい挑戦を熱望している。

建設中の久屋大通とテレビ塔

全国に広がった事業スキーム
――入場者確保に知恵絞り共同事業も――

二〇〇五年、テレビ塔はタワーとして全国で最初の登録有形文化財に指定された。この審査の過程で、日本人の心にタワーという造形的イメージを創った意義は大きいと評価されたことを聞いた。テレビ塔が完成した三年後に札幌テレビ塔、四年後に東京タワー、平成元年に福岡タワー、二十一世紀に入り東京スカイツリーが名古屋をモデルにつくられた。

モデルとなったのは造形的な面だけではなく、企業の事業基盤となる事業スキームも名古屋をモデルにしている。

最近は一般のビルでも〝タワー〟という名称があるのでややこしいが、鉄塔型構造のタワーは収益スペースが極端に少ないため事業性に大きな課題がある。テレビ塔は高さ百八十メートルあっても、床面積は全体で三千平方メートル程度である。高さ九十メートルにある展望台から下を考えても一般ビルであれば二十数階建てとなり、各階に床面積が確保できる。一方、維持経費は数年毎の塔体塗装を始め、外気にさらされているエレベーター、給排水設備など維持管理に多額のコストがかかる。

このためテレビ塔では入場者を確保するため、足下の久屋大通に賑わいを図るとともに放送事業者との共同運営を事業スキームとした。大通公園にある札幌テレビ塔、足下に観光施設を備えた東京タワー、最近ではシーサイドももち地区開発の一環として建設された福岡タワー、東京ソラマチと同時に建設された東京スカイツリーまで同じ事業スキームとなっている。

まさに名古屋でスタートしたタワー経営の事業スキームが世紀をまたいで全国に広がっていった。

これまでの名古屋は自らを自慢することが苦手である。これが観光面においいても、観光資源は有名な観光都市に匹敵するほど豊富だが、観光商品の開発と宣伝力において遅れをとっている。これからの名古屋は「世界初・全国初」を自慢することから始めたい。それには名古屋の自慢を名古屋の人が知らないことが多い。現代の情報化社会を生きるには、名古屋から始まったことや名古屋しかないものを徹底的に主張することではないだろうか。

登録有形文化財のプレート

減損処理で経営危機 ―〝地獄に仏〟多くの人との出会い―

日本の「固定資産の減損に係る会計基準」、いわゆる減損会計は二〇〇六年三月期から強制適用となった。テレビ塔会社では二〇〇三年十月に監査法人から、二年半後には減損処理となるため会社方針を明確にするよう指示を受けた。

テレビ塔会社の場合、一九九三年度以降十年間にわたって赤字決算のため、利益を生まない資産として塔体全資産（固定資産一・八億円）が特別損失計上となる。そのままでは近い時期に債務超過を来たし、会社運営が困難に陥るという。

財務知識の乏しい私が何をなすべきか、公認会計士、税理士、経営コンサルなど知り合いの専門家に相談をした。いろいろな知識や情報は大いに参考になった。しかし、減損会計はこれから日本が直面することで参考事例などから有効な対処方法を見つけることは難しい。

元々テレビ塔に魅力がなくなったことが赤字の要因である以上、新しい魅力の創出しかない。逆に減損処理により営業利益が出やすいメリットを活かし、新しい投資により利益を生む固定資産をつくることを考えた。開業以来初めての塔内リニューアルの検討である。

しかし計画から実行、完成まで半年、とても時間が足りない。早速、有識者懇談会「名古屋テレビ塔の将来を考える会」を設置し、地域のトップリーダーからの提言をとりまとめ、その実現を図ることとした。中期経営計画、単年度事業計画、リニューアル整備などの諸計画策定・運用、銀行融資の見通し、整備工事推進を同時進行で進めていった。

このプロセスを通じて〝この人しかいない〟という素晴らしい人との出会い、まさに〝地獄に仏〟、しかも京都の三十三間堂なみの多くの仏に出会った。

最初に出会った仕掛け人が、矢場とんの鈴木孝幸前社長である。テレビ塔が初めて作ったパンフレット「栄の夜のお勧め食事店」。これが評判を呼んで鈴木社長が「テレビ塔でこんなことをやる社長に会いたい」と来社されたのがきっかけとなって、以来テレビ塔の力強い支援者としてお世話になっている。

劣化した給排水設備

遅れたＩＴの導入　―社内ＬＡＮは自分たちの手作りで―

建設関係から観光関係の仕事に変わって最初に感じたのが、社内のＩＴ活用が進んでいないことであった。観光業の「三種の神器」は、手書きの伝票、電卓、ファックスと言われた。

この影響かテレビ塔会社内でもＩＴ化とは無縁な状態。それでもパソコンは二台所有、一台は財務処理専用で専門力をもつアルバイトだけが使用。もう一台は社員全員のメールアドレスを入れ若い社員一人だけが操作、学生アルバイトが作成したホームページは一年以上更新されず。

ある会社がパソコンを一斉交換することを聞きつけ、まだ使用可能な十五台を譲ってもらい、社内共用サーバー（ＨＤＤ）の設置など社内ＬＡＮは自分たちの手作りで整備した。入場者管理、スケジュール管理、お客様情報などのアプリケーションソフトは自ら開発し、十年以上経過した現在も使用している。やっとＩＴ導入の入口に到達したのが、二〇〇四年一月であった。

この整備により、社内の情報共有化を図るとともに社員個々の携帯電話のメール機能を活かし、迅速な対応ができるようになった。これによって毎日の営業報告が営業終了時に全社員の携帯電話で見られるようなった。

入場者管理は社員が大学ノートに前日の集計を半日以上かけて電卓と手書きでまとめていたが、出勤と同時に前日の結果を社員全員が社内ＬＡＮで閲覧できるようになった。社内会議もパワーポイントを使用し、ペーパーレス化した。

財務処理については会計ソフトを活用し、効率的な経理処理へ見直しを行い、総務部の要員削減と業務の迅速化を達成することができた。

テレビ塔会社ではこの十年間にパソコンの更新を三回、基本ソフトもWindows 98、Windows XP、現在はWindows 8.1と三回変えている。アプリケーションソフトの買い直しを含めると企業としての経費負担は大きい。現在、基本ソフトはマイクロソフト社の独占となっている。今後、ＩＴ分野はますます進化を遂げていくが、企業での有効性と経費負担とのバランスがとれるものを願っている。

すべて手売りの入場券

改革の助走を始める　―五十年誌へ動く　まずは写真データ化―

テレビ塔で最初に気になったのが、入場者に配付するリーフレットや塔内に使われている写真である。どう見ても古い。斬新さが売り物の観光事業において鮮度が落ちた情報ぐらい価値を失うモノはない。

何故、新しい写真を使わないのかと質問したら、「プロのカメラマンは金がかかるので」という返事。すかさず「貴方が撮れば充分」。言った手前、早速、自ら写真を撮ることになってしまった。

テレビ塔に残っている過去の写真は、焼き付けた写真のアルバムが数冊あるだけで、フィルムなど他のデータは一切ない。最近は古い写真もデータ処理化しないと活用できない時代。早速、家からパソコンとスキャナーを持ってきてテレビ塔のすべての写真をデータ化し、検索も直ちに出来るように整理した。

これが私の初仕事であったかも知れない。

文書や財務データも同じで情報管理の検索システムもなく、段ボールに入れて倉庫に山積みのままである。株主総会の招集通知、「事業報告書」が紙で残っているだけである。社員にパソコン配備もなく、ましてエクセル、ワード、パワーポイントは別世界。算盤と電卓、手書きの経理台帳が現役という伝統を守る会社であった。

とりあえず創立からの業績結果をエクセルに入力し、経営基本データーの整理を始めた。

気がつくと二〇〇三年は会社創立五十周年だった。翌年は開業五十周年を迎える。記念事業は白紙とのこと。いずれも五十周年は半世紀という大きな歴史の節目、会社としてこのチャンスを逃がす手はない。

まず整理した写真データを活用し、初めての記念誌発行の準備に入った。幸い過去の貴重な資料を思いを込めて集めていた嘱託の酒井正司さん、テレビ塔が好きで七十五歳になってもお手伝いに来てくれていた。早速、酒井さんと二人で編纂作業を進め、開業五十周年記念事業の柱の一つとなった。

これまで困ったときに必ず助けてくれる人が登場し、その人の力で難局を切り抜けた。すべての局面で助けられた幸せな人生である。テレビ塔でも素晴らしい出会いから始まった。

記念誌『名古屋テレビ塔 50年の歩み』

開業五十周年から改革スタート　―施設存続へ具体的検討始まる―

デジタル化の動きが具体化するに従い、新聞などではテレビ塔に関する記事が掲載されたが、例えば「二〇一一年以降は無用な長物〝テレビ塔〟」など厳しい記事が飛び交っていた。

一方、テレビ塔会社の経営も極めて苦しい状況にあった。私はあらかじめ覚悟はしていたが就任直後で何から手をつけるべきか見当もつかない。再建計画を策定するのか、アナログテレビ放送終了とともに塔体の解体か、早急な判断が求められた。そこで直面したのが二〇〇四年六月のテレビ塔開業五十周年である。

この五十周年記念事業を積極的に展開し、その反響によりテレビ塔の将来方向を見極めようと考えた。建設時は愛知県・名古屋市ならびに東海地域の主要企業がまさに官民一体となり、それを県民・市民が支えるという大プロジェクトで誕生し、五十年間にわたって強い支援・協力により運営してきている。

その経緯に立てば現在の経営陣だけで即断する問題ではなく、建設し長年支えた多くの人々の意向を聞くことから始めた。

五十周年記念事業では六月十八日に「感謝の集い」を開催し、愛知県、名古屋市、主要企業、地域などの幹部の皆様に集まってもらった。席上では皆様から「テレビ塔を存続させるよう頑張れ」という激励がすべて、存続に向けての勇気をもらった。それ以降、様々な場を通してテレビ塔の現状と課題を説明し、意向収集に努めた。その結果「残すべき重要な施設であり、そのため会社が頑張れ」という意見が圧倒的であった。

これらの動きから二〇〇四年九月に愛知県・名古屋市、放送事業者などと「名古屋テレビ塔将来計画検討会」を設置し、施設存続に向けた具体的な検討を開始した。同時に長年続いている会社の赤字構造は、二〇〇五年度決算時から導入が決定している減損会計によって債務超過に陥る可能性が大きく、このままでは回復なき債務超過として会社清算も秒読みとなっていた。何としても大幅な事業改革を図らなければならない。

開業五十周年記念事業がお客様や支援者への感謝を表すとともに施設の存続をかけた取り組みと同時に十年以上続く赤字構造による会社清算のリスクから抜本的に立ち直る大きなきっかけとなった。

「開業 50 周年感謝の集い」であいさつする

初めてリニューアルに挑戦 ―「塔内イメージすべて変えてほしい」―

ＮＨＫ職員としてテレビ塔に勤務した時から四十年以上経過したが、塔内はほとんど変化なく年数が経過しただけ、至る所で劣化が進み集客施設としては厳しい状況にあった。特に四階の食堂、売店は昭和三十年代のレトロの世界そのもの。雨漏りが酷《ひど》い窓枠、性能低下が著しい空調機、古びたゲーム機、もはや手直し程度の補修では新しいテレビ塔のイメージは見えてこない。

その時に出会ったのがデザイン会社「デザインクラブＥＭＷ」経営の中田朝之氏である。中田氏は飲食店舗のデザイン、リーシング、経営コンサルティングなど国内を走り回って活躍中。自営の食堂から魅力ある店舗の誘致を考えていたテレビ塔会社としては、最もふさわしい人に出会った。監査法人から死の宣告を受け、必死の思いで再建を考えているときだけにまさに〝地獄に仏〟である。

中田氏には「名古屋の代表的な都市景観となっている塔の外観イメージだけは大切に、内部の施設などのイメージはすべて変えてほしい」と要請し、「すべて変えるのはデザイナーの夢」と応じてくれた。この背景には大胆な改革が成功しない限り間違いなく会社はなくなるという強い危機感があった。お世話になった名古屋市のある幹部は「当時は目が血走っていた」と表現した。

リニューアルは簡単ではない。開業以来の電気、空調、給排水など老朽著しい設備の更新が不可欠で、これらはいずれも高額な経費を要する。インフラ整備も含め、テレビ塔会社の体力の限界を越える借入金により整備することとなった。ここでも〝地獄に仏〟の登場でやっと乗り切ることになる。仏は、名古屋銀行と三井住友銀行である。

もう一つの素晴らしい出会いが、矢場とんの鈴木前社長の紹介でキーテナントとなる株式会社ゼットンの稲本健一社長である。稲本社長は「店づくりは街づくり」を基本理念とし、多様なお客様の好みや状況に応じた店舗づくりで躍進中。テレビ塔のリニューアルのコンセプトと一致、直ちに共同開発することとなった。これも民間企業ならではの柔軟性と迅速性を発揮した新しい事業スキームの一つではないだろうか。

リニューアル以前の売店（2005年）

会社再建に向かう　—痛みを自ら受けて解決する大切さ—

二〇〇五年は「愛・地球博」が開催され、愛知・名古屋にとって大きなチャンスの年となった。入場者数も目標とした一千五百万人を大きく上回る二千二百五万人となり、収益的にも約百億円の黒字となった。テレビ塔会社も入場者数は前年比で一〇パーセント増、約一千万円の売上増はすべて再建資金に投入することができた。

二〇〇五年度はテレビ塔会社にとって会社再建の可否をかけた年である。前年の開業五十周年から始めた抜本的な社内改革の流れをつくる年として初めての経営計画で、三年後に会社健全化をめざし年間売上三億円達成を掲げた。事業改革では企画・営業力強化、経営コストの再構築、そして地域社会への貢献の三点である。

目標や課題を掲げては見たものの、日常的に業績管理や諸規則・手順などの策定や運用が進まなければ単に「絵に描いた餅」に過ぎない。「四月月次から年度末見込みを出せ」「管理職は給与に見合った成果を出せ」「社内会議は審議の場」などなど次々と檄《げき》が飛んだ。

社員にとってはほとんど初めて経験することばかり。長年、算盤と手書きの伝票、帳簿で過ごした社員には厳しかったようである。社員自らが変わって会社が生き残るか、まさに天王山である。一切の妥協は許さない決意で臨んだ一年であった。

その気概をもったのは、〝地獄に仏〟に出会ったと表現したが外部からこれだけの多くの人々に、しかも心ある厚い支援を受け、最も頑張らなければならない社員が誰よりも負けないやる気を見せられるかにかかっていた。中には逃げ出す社員（人材）もいたが、必死に頑張る社員が出てきたのがテレビ塔会社の本当の人財であろう。

企業の改革は、文書では綺麗な言葉として表現できるが実現に向けた努力はきれい事ではない。長年過ごしてきた生活をすべて捨てる決意がないと実現できないことを学んだ。いつかの首相が、改革は痛みがあるものと断定して自らは痛みを受け取らず消えてしまったが、痛みを自ら受けて解決するのが会社経営であることを痛感した。

2006.6.14
名古屋テレビ塔が生まれ変わります
2006.6.14
おいしいテレビ塔、新発売。
THE TOWER RESTAURANT
CLASSICROSS
Sky Balcony
Sky Deck
Sky Terminal
Tower Square
fleur
Central Park
新・テレビ塔、誕生。
2006.6.14 テレビ塔リニューアル

会社再建に走り出す

シンボルの証「恋人の聖地」 ―新しい素敵な出会いつくりたい―

これまで会社再建の動きなど厳しい話が続いたので、ここで観光施設にふさわしい楽しい話を一つ。

よく「テレビ塔は名古屋のシンボルだ」と言われる。何がシンボルなんだろうと考える。日本で初めての集約電波鉄塔という決まり文句がある。もちろん歴史的史実としては重要な位置づけであるが、果たして集約電波鉄塔と結びつけて名古屋のシンボルだと言う意識は生まれるだろうか。

また、姿形がシンボルだろうか。開業六十年を経過し、今やその後整備された久屋大通公園、オアシス21と一体化した名古屋を代表する都市景観のイメージとなっている。とりわけ名古屋にしかない、名古屋を特徴付ける都市景観としての評価は高い。

もう一つ重要な役割として人の心に刻むシンボルがある。小さいときに両親に連れられて来た強烈な思い出、生涯の良き伴侶に出会ったなどなど「名古屋のシンボル」の役割は深くて広い。

私自身、テレビ塔が多くの素晴らしい人との出会いをつくってくれた。こんな幸せな人生はない。これこそテレビ塔がシンボルである証ではないだろうか。一人でも多くの人に新しい素敵な出会いをつくりたい。その一つが「恋人の聖地」への取り組みであった。テレビ塔は二〇〇八年十一月に「恋人の聖地」に認定された。

恋人の聖地を選定しているＮＰＯ法人地域活性化支援センターは「少子化対策・地域の活性化」をテーマに観光地域の広域連携を目的に様々な事業を展開している。この周辺では伊良湖岬、茶臼山、神島など観光地が多く、大都会の真ん中は比較的珍しい。

テレビ塔では都会の環境を活かし、深夜に二人だけのテレビ塔でプロポーズ「夜景二人占め」など「恋人の聖地」シリーズの事業を展開している。その後、「日本ハグスポット100選」の第一号、日本夜景遺産認定により、さらに出会いの場の付加価値を増してきている。

「恋人の聖地」企画はテレビ塔会社の若い女性社員の提案。若い人たちも印象に残る思い出づくり、そして若いときの思い出の再確認、世代を超えて人の心に深く刻んだ「名古屋のシンボル」を目指していきたい。

恋人の聖地
Yumi Katsura Lover's Sanctuary
to impart the joy and the
and raising a happy home. I send
wish you a wonderful future.
Bridal Mother 桂 由美

「恋人の聖地」プレート

ライティングも全国初　―五十七年前の実験が実像として現れた―

テレビ塔は日本のタワーとして最初に電球によるライティングを実施している。一九五七年十一月、写真に使う五色のカラーフラッシュ電球一万五千個を地上から高さ百三十五メートルまで鈴なりに設置、あらかじめ点灯する時刻を公表して大いなる実験を行っている。

当時の新聞には「名古屋の夜空に一瞬の輝き。見た人にはその美しさがいつまでも心の残像として残っている」と掲載されている。これもあまり知られていない全国初の試みである。

その後、テレビ塔では一九八九年になって世界デザイン博覧会に合わせてナトリウム灯によるライトアップが開始された。オレンジ系の温かい色の照明は、名古屋の夜の都市景観の象徴として観光客を始め多くの市民からも親しまれている。この照明方式はアカリを灯す機能だけで、地球温暖化関連のイベント時にライティングを消す演出に活用している。

最近、名駅地区の開発が進むにしたがって栄地区の活性化が叫ばれ、名古屋市も二〇一三年六月に「栄地区グランドビジョン―さかえ魅力向上方針―」を策定し、栄地区の新しい街づくりを進めようとしている。テレビ塔も名古屋市と連携を図りつつ栄地区の活性化や久屋大通公園の魅力創出に向け取り組みを進めている。

七月にはテレビ塔会社の創立六十周年記念事業として、最新のＬＥＤ技術を導入しライティングシステムの整備に着手した。整備は順調に進み、二〇一四年六月二十日の開業六十周年当日に点灯式を開催して『新ライティング・煌』の運用に入った。この『新ライティング・煌』はＬＥＤ一万一千個による点光源の照明方式で、日本最初のライティングと同じ方式である。

今回はフラッシュ電球ではなく長寿命でフルカラーの最新LED素子を使用し、様々な演出ができる優れものである。多様な情報発信ができる照明システムとして様々なイベントと連携し、栄地域からの情報発信強化に大いに貢献できるものと期待している。五十七年前に日本初として実験したライティングが一瞬の残像ではなく、いつでも実像として目の前に現れたことに感動している。

日本初のライティング（5色のカラーフラッシュ電球を15,000個設置）

アカリナイトが名古屋の夜を創る　―真冬の都市公園の賑わいづくりへ―

二〇〇七年頃に財団法人中部産業活性化センター（現公益財団法人中部社会経済研究所）では「街路灯ビジネスによる街の活性化事業」の調査・検討を始めた。その検討の流れの中で、二〇〇九年三月にあかり産業を活用した栄・久屋大通公園の街づくりを目的に「アカリズムフォーラム」を立ち上げた。

役員は久屋大通地区の有識者を始めメーカー、大学、テレビ局、広告代理店などにより構成、事務局に中部産業活性化センターとテレビ塔会社が選ばれた。私は二〇〇八年一月の中部産業活性化センター主催の新年会から、縁あってこのプロジェクトに参加することとなった。

今後のあかり産業の中核をしめるＬＥＤは名古屋が「発祥の地」、しかも環境性能の高さや活用範囲の広さなどを活かした夜の街を彩るに欠かせないツールになりつつあった。それまでテレビ塔周辺だけで開催していたLEDを活用したクリスマスイルミネーションを公園全体に拡大し、栄地区の活性化につながる一大イベントにできないか検討を開始した。

二〇一〇年は、名古屋開府400年、COP10、あいちトリエンナーレなど名古屋にとってビッグイヤーとなった年である。名古屋市では開府400年記念事業として「あかりファンタジア」事業の検討が進められ、「アカリズムフォーラム」との連携を図ることとなった。これが『NAGOYAアカリナイト』という開府400年記念事業の中でも大きなイベントに成長していった。

開府400年記念事業総括でも、ゼネラルプロデューサーの荒俣宏氏からも絶賛された。今や「アカリナイト」は真冬の都市公園の賑わいづくりにはなくてはならないイベントとして、現在も豊田合成など民間企業の協力によってますます新しい魅力を高め続けている。

「アカリナイト」は開府４００年記念事業として名古屋市が開催したが、最初に志した中部産業活性化センターの「街路灯ビジネスによる街の活性化事業」から見れば七年以上の取り組みとなる。関係者の必至の努力でアカリナイトまで辿り着き、今後の栄地区の活性化、久屋大通公園の魅力創出にとって大きな足がかりとなっている。

名古屋開府 400 年記念事業『NAGOYA アカリナイト』

全日本タワー協議会のこと　―「民間タワー」がリーダー役担う―

北は札幌テレビ塔から南は別府タワーまで全国二十のタワーによる「全日本タワー協議会」という組織がある。設立して五十年以上になるが、五年前までは会員の懇親を図る企業トップ中心の集まりで、年二回の総会を持ち回りで開催していた。各タワーに訪問できることが大きなメリットだったかも知れない。

この協議会が五年間ですっかり変わった。「活動する協議会」への大変身である。この原動力は現在の観光事業で都市間競争の激しさにあり、会員から全日本タワー協議会の組織をもっと活用したいという動きになってきたことである。

名古屋ではあまり感じないが、一歩県外に出るといかに街を新しい魅力により賑わいをつくるか、一人でも多くの人に来てもらう必至さが伝わってくる。

二〇一五年三月の北陸新幹線開通に沸く富山県、石川県の動きがその例だ。

全日本タワー協議会では、既に六百人近くの達成者が出ている「All-Japan 20タワーズスタンプラリー」をはじめ、毎年十月一日を「展望の日」と定め、全国二十タワーで統一したイベントなどを積極的に開催している。また、二〇一四年三月に名古屋で開催した「第26回旅まつり名古屋２０１４」に全国十タワーが参加しており、その積極的な対応がうかがえる。

二十タワーを見ると、官庁所有のタワーが半数、民間所有が半数となっている。官庁所有には指定管理制度が導入され、数年ごとに運営管理者の見直しがある。この中で展望事業の改革リーダーは、五稜郭タワー、東京タワー、通天閣、福岡タワー、そして名古屋テレビ塔の五タワーである。中でも事務局をつとめる東京タワーが協議会の先頭に立っている。

この五つのタワーは民間企業であり、施設を自ら保有しその運営会社であることが共通し、長年にわたって深い愛情をもって経営にあたっていることが特長である。

タワー事業は決して儲かる事業ではない。どこのタワーも生き残りをかけ、厳しい経営状況を何度か乗り越えてきている。民間は自力再生しかない。この経験と意識が全国のリーダー役を担っていると言える。役員・社員が一丸となって自らの身命を賭して事業の継続を必至に頑張ることが民間企業による経営が成り立つ条件ではないだろうか。

全日本タワー協議会総会

ＮＣＶＢの改革　―理事長就任　厳しい現実が原動力に―

二〇〇九年八月から財団法人名古屋観光コンベンションビューロー（ＮＣＶＢ）の理事長を拝命した。突然、就任の一カ月前に話があり、あっという間の展開。このときばかりは、私自身に十分な心の準備もなく、ＮＣＶＢの役員や職員の皆さんに迷惑をかけた。

就任して最初の仕事は、名古屋国際会議場の指定管理者への応募であった。審査結果は十月下旬に示され、運営管理者から初めて外れるという厳しい結果となった。原因は様々あるが、ＮＣＶＢとして将来の社会変化にも先導的役割を果たせるよう改革することが不可欠であることを思い知らされた。

一方で名古屋国際会議場は名古屋に大型コンベンション誘致を促進し、国際コンベンションシティを目指すことから建設され、同じ趣旨でＮＣＶＢが設立された。この国際コンベンションシティを目指す意義はますます重要となり、国内外ともに都市間競争が激しさを増している。この大きな目標を実現する観点から現行の指定管理制度の適用に疑問を感じ、また公益財団法人と株式会社と同一条件での競争はフェアではないという印象をもった。

一方、その翌年度には二〇一一年度から始まる五カ年経営計画を策定することとなり、財団改革の大きなチャンスとなった。一年かけた全職員の取り組みが始まった。これまでの経営改善という視点から「経営戦略マネージメント」という民間企業に採用されている考え方を導入したことが改革への第一歩であった。

二〇一一年四月から新しい「五カ年経営戦略計画」による事業運営を開始し、同年六月からは新制度に基づく公益財団法人に移行した。NCVBにとって名古屋国際会議場の運営管理から外れたからこそ、危機感をもって新しい経営戦略計画に辿り着くことができた。この緊張状況にあった就任期間（三年九カ月）は私にとっても何事にも代え難い貴重な経験となった。

ＮＣＶＢはまもなく設立二十五年周年を迎えるが、経営戦略に培われ四半世紀かけて育ったプロパー職員を中心に中部地域の観光・コンベンション事業のプロ集団としての活躍を期待している。

名古屋国際会議場

久屋大通公園への想い　―都市公園の全国モデルめざせ―

テレビ塔が立つ久屋大通公園は、名古屋市内に一千四百二十カ所ある都市公園の中でも最も都心部にふさわしい特徴をもった素晴らしい公園である。終戦直後の一九四五年十二月に名古屋市の戦後復興計画として「大中京再建の構想」が発表され、大胆にも公園道路幅百メートルの二本の整備が基本構想として打ち出された。久屋大通と若宮大通である。

久屋大通公園を中心とする街並みは、昭和三十二年地下鉄東山線（名古屋から栄）の開通を始め、地下鉄名城線、名古屋鉄道瀬戸線など次々と整備が進み、最近では平成十四年に「オアシス21」の整備とともにバスターミナルが完成するに至り、名古屋市内でも名古屋駅に次ぐ交通の要所となった。

また、昭和五十三年には地下街「セントラルパーク」、平成三年にＮＨＫ放送センタービル、翌年に愛知芸術文化センターの整備が進められ国内でも他に例を見ない立体都市の誕生となった。交通機関から歩いて数分という立地条件、周辺には大手百貨店を始め商業施設が軒を並べ、NHKなど放送局が集中し北の官庁街から南の繁華街大須に至る約一・七キロにわたる都市公園である。

日本全国を見ても大都市の機能を周辺に集約的に備えた都市公園はない。整備から間もなく七十年を迎えるが、最近は大規模なイベント時以外は賑わいを失っている。その要因としては、公園には様々なモニュメントなどが整備され、樹木の生長とともに人が楽しむ空間が狭く、かつ両側が三車線道路のため、歩行者から見れば陸の孤島化している。

再びの賑わいづくりのため、周辺の民間企業によって二〇〇五年十二月に「NPO法人久屋大通コンソーシアム」を立ち上げて久屋大通公園の新しい魅力創出に努めた。「久屋大通映像フェスティバル」や「クリスマスイルミネーション」

などの開催とともに清掃活動「久屋大通クリーンアップアクション」を開始し、現在では毎月百名参加の活動に広がってきている。

これは久屋大通公園の機能を最大限活かすべき官民が一体となった地域活動の第一歩となっており、公園の活性化に果たした役割は大きい。この事務局もテレビ塔会社内に設置されていることは言うまでもない。

二〇一三年六月には名古屋市が「栄地区グランドビジョン」を策定し、今後、栄地区の公共空間（都市公園・道路）を中心とした再生整備を進め、賑わいづくりや街の活性化を進めることとしている。

大都市〝名古屋〟の中心部にふさわしい都市公園の条件を持っている久屋大通公園。名古屋に伝わるＤＮＡ「全国初・世界初」を発揮して、二十一世紀に活躍する都市公園の全国モデルになる高い志をもって挑戦したいものである。

久屋大通公園とテレビ塔

久屋大通発展会の活動

―NPO化で〝元気な栄〟へ挑戦―

久屋大通公園沿いの錦通りから北の外堀通りに隣接した町内会を中心に「名古屋テレビ塔連合発展会」（現在の久屋大通発展会）を結成して二〇一五年で設立六十周年を迎える。テレビ塔の建設時にテレビ塔周辺の商店街の発展を目的としてつくられ、以来、テレビ塔会社が事務局を務める。

この久屋大通発展会も発足から四十五年間ぐらいまでは集客的に恵まれた栄地区であったため、会員相互の親睦が主な目的であった。一九九九年のJRツインタワーの建設あたりを機に徐々に地域の賑わいや経済性が課題となり、発展会の役割や活動も変化してきている。

最近の動きでは二〇〇八年には名古屋市が「久屋大通公園魅力アッププラン検討委員会」を立ち上げ、久屋大通公園と歩道空間についてさらなる魅力アップのための調査を行った。この調査には久屋大通発展会も参加し、公園および周辺の街の魅力アップのための提言を行うとともに発展会事業として賑わいの創出に向けた諸活動を開始することとなった。

現在の発展会事業としては、全国で唯一民間で実施している防災訓練「Shake Out」、公園を広く使用した「栄・まちじゅう音楽広場」などのイベント、毎月一回の公園・周辺の街の清掃活動などの地域活動を進めている。

二〇一四年度に名古屋市は栄地区グランドビジョンに基づく社会実験を実施し、そのイベントの企画や運営を久屋大通発展会が担当した。発展会ではいよいよ始まる栄地区グランドビジョンの具体化事業に貢献できるよう体制整備や会員増強などを進めてきている。二〇一三年度からNPO化に向けた検討を始め、二〇一四年度内に認証取得ができるよう進めている。そして「NPO法人久屋大通コンソーシアム」と一体化することとなっている。

この地域を対象とする久屋大通発展会は、時代とともに街の発展に向けた先導的な事業活動を進めてきており、とりわけ名古屋市が実施する行政施策については全面的な支援・協力を行ってきている。四百年以上の歴史と文化をもつ「名古屋栄の街」は全国的な視点で見ても貴重な日本の財産。この財産をいつまでも財産として活かすべき活動が発展会の使命となっている。

最近の街づくりには、官民一体となった活動が不可欠であるが、同時に非営利組織の地域活動も重要な役割を担う時代、その役割を「ＮＰＯ法人久屋大通発展会」が担う新しい挑戦が始まる。

「栄・まちじゅう音楽広場」

名古屋の観光　〜歴史に思う〜

―幕府のトラウマから脱出必要―

名古屋は二〇一四年で四百四年の歴史をもっているが、その歴史の中で観光として全国から最も注目されたのが一七三一年から始まった藩主宗春の時代である。しかし宗春時代は短く、八年後の一七三九年には幕府より蟄居《ちっきょ》謹慎を命ぜられている。ほんの一瞬、京を凌ぐ賑わいであったと記録に残る。その蟄居謹慎は宗春の死後も続き、一八三九年にやっと宗春の名誉が回復される。百年にわたって幕府からの尾張藩に対する制裁が続いたこととなる。その間に名古屋の人々に与えた影響は計り知れない。幕府（東京）に気を遣い、出過ぎたことはしない、賑わいづくりに慎重な〝名古屋人気質〟がつくられたのだろうか。

尾張・三河が江戸の街をつくり、全国に多く藩主を輩出した江戸初期とはあまりに対照的である。現在でも名古屋は「自己主張に慎重、外へのPRは消極的」といわれる。例えば歴史的に貴重な山車でも「うちのものは人様にお見せできるものではない」という名古屋人気質からか観光資源にはなっていない。他にも江戸、明治、大正、昭和の時代の観光資源は豊富にある。

多くの施設を運営する名古屋市は他都市に比べて〝市民中心〟の意識が、強い感じがしている。例えば名古屋城本丸御殿の場合、外の人に見せる前に市民が優先という声が聞こえてきた。

市民を大切にすることは行政として当然のことではあるが、名古屋市が観光戦略ビジョンを策定し「飛躍する名古屋の観光」をめざすのであれば、国内外、遠くからの観光客にまず見てもらうのがお客様への「お・も・て・な・し」の第一歩ではないだろうか。

観光は極めて裾野の広い産業。観光施設だけではなく、鉄道も、ホテルも、飲食も、物販も、街も、企業もみな運命共同体である。一施設の判断だけではなく、観光関係者全体が一緒になって前に進む強い連携があって現在の激しい都市間競争の仲間入りとなるのでは。

名古屋の観光を考えたときには、早く幕府のトラウマから脱出する日を迎えたいものである。とにかく「お・も・て・な・し」こそ名古屋観光の喫緊の課題ではないだろうか。

名古屋開府 400 年記念事業「大山車まつり」

名古屋の観光　～資源に思う～

―「観るものない」は地元の思い込み―

全国で名古屋ほど観光資源に恵まれた地域はないと思われる。最近は観光目的がかつての「観る」だけではなく、交流型、体験型、学習型などに広がってきているからなおさらである。言い方を変えればすべての産業が観光資源になる時代となり、名古屋が日本の新しい観光を担う時代が到来することも夢ではない。

これまで名古屋では「観る」観光は他都市に比べ弱く、「名古屋は何も観るものがない」という声が地元からも聞こえてくる。しかし、本当に「観る」観光に弱いのだろうか。市内を見ても熱田神宮、名古屋城、覚王山日泰寺、八事興正寺、名古屋市市政資料館、名古屋市科学館、トヨタ産業博物館など他都市にはない素晴らしい施設が続き、問題は観光という視点で商品化されず、国内外へPRされていないことではないだろうか。名古屋は「観る」観光でも潜在的資産は豊富。

ＪＲ東海相談役の須田寛さんは名古屋の地域実情を活かして「産業観光」を提唱し、見事に新しい観光分野を切り拓いた。我々にテーマパークや観光施設だけが観光ではないことを教えてくれた。

この地域はものづくりが盛んであるが、「交流型・体験型・学習型」観光を考えればほとんどのものづくり産業が観光資源となり得る時代である。また、「名古屋まつり」、「にっぽんど真ん中祭り」「世界コスプレサミット」「なごやめし博覧会」など全国にない名古屋独特の観光商品の有力な候補が一杯。

日頃、感じることは名古屋は夜が極端に早い。久屋大通公園界隈で夜八時になると人通りが極端に少なく、海外からの観光客がどこに行ったら良いか迷っている光景を見かける。市営も含め、施設の夜の営業と回遊性の改善が名古屋観光の鍵となるかも知れない。

　名古屋は京都、奈良のように観光を主目的とした施設は少なく、観光事業だけで生活している企業や人も少ない、しかも「大事に仕舞っておく」意識が強く、それだけに地元の人しか知らない情報や楽しみ方が多い。名古屋こそ現在の観光の主流になっている「着地型観光」の世界モデルをめざしてはどうだろうか。

蕉風発祥の地（テレビ塔北足下）

名古屋の観光　～活動に思う～

―東京五輪、リニアにらみ今から動く―

群馬県が二〇〇九年から県内を五つのブロックに分けて、ブロック内の観光に関する異業種間連携による商品開発を行い、その成果を毎年開催される「はばたけ群馬　観光博覧会」で発表し、全国的なキャンペーンを展開している。その全県的な取り組みが「富岡製糸工場と絹産業遺産群」の二〇一四年世界遺産登録を呼び込んだとも言える。

もちろん、愛知県と群馬県では産業構造や住民志向などが異なるが、観光商品の開発、情報発信面では参考にしたいものである。また、世界市場を考えた場合には県単位以上で活動していかないと総合力や発信力で他地域に比べ弱い。その観点から中部地域を対象とした「昇龍道プロジェクト」は当地域初の試みとして大いに期待されている。

名古屋は旅行代理店による観光商品が少なく、国内外での観光PRが日常的にされていない。この要因はいろいろと考えられるが、まずは様々な連携を図るところから考えてみたい。

名古屋で観光に関する活動は中部運輸局、愛知県、名古屋市などの行政とその関連団体、中部経済連合会、名古屋商工会議所、中部経済同友会など経済団体、そして観光事業を担う民間企業が行っている。それぞれに観光に関する事業計画により積極的な活動が展開されているが、全体的な戦略に基づく活動や相互連携による活動では課題を残している。

最近の交流型、体験型、学習型などの新しい観光事業には、これまでにない異業種間や地域単位の連携による商品開発が重要となっている。そのためには、これまで観光事業となじみが薄い業種・企業とも連携することが新しい付加価値を生み出すことになる。

また、名古屋市内で観光事業に専業化して活動している施設はテレビ塔であるが、他の多くの施設は観光事業以外の役割を持っていることから観光商品化が難しい面を抱えている。特に市営の施設については早急に観光商品化ができるような条件整備を期待している。

名古屋が一瞬観光で沸いた藩主宗春時代の「京都を凌ぐ賑わい」を夢見て、二〇二〇年東京オリンピック、二〇二七年リニア中央新幹線開通に向けた取り組みを今から始めよう。

ナゴヤＳＫＹバス

存続か、解体か

―「貴重な文化財、現役で残せ」で決心―

テレビ塔は二〇〇五年八月に国の有形登録文化財になった。その時、テレビ塔を残すか、解体かで悩んでいたが、名古屋大学名誉教授の飯田喜四郎氏のもとへ登録のお礼に伺った時である。

私がつい「せっかく国の文化財にしていただいたが、アナログテレビジョン放送が終了と同時に解体するかも知れない」ともらすと、飯田氏は「戦後の日本を代表する貴重な文化財で解体は考えられない。実現が困難な解体で苦労するより財政的自立を図り、現役で残すことに会社は頑張りなさい」とエールを送っていただいた。

多くの皆さんから存続の声を受けていたが、言葉として決め手となったのがこの飯田氏の一言。これで施設を残す決意とともに再生への活動を加速した。

テレビ塔は日本では他に例を見ない環境（道路上など）の中で、先人の奮闘で乗り越えた高い壁を再び越えないと再生は見えてこない。当時、著しい戦災被害の傷跡を残した名古屋市内、復興に大きな夢がほしい。その夢が「東洋のエッフェル塔の建設」。大きな志をもって困難な障壁を突破する情熱と知恵が生まれた。

官民一体となって進められたが、実行面では民間企業の柔軟な発想とスピード感をもった大胆な対応に負うところが大きい。すなわち、建設時も資金面では極めて厳しい状況にあって、愛知県・名古屋市の協力を得ながら中部財界の全面的な支援の中で民間企業の必死の努力が実現へと導いている。

最近でこそ公共施設へのＰＦＩや指定管理制度の導入など民間企業のノウハウの活用が言われているが、名古屋では六十年前に、テレビ塔会社による民間ノウハウを最大限に発揮して公共空間に誕生したのがテレビ塔である。

会社は国・県・市に財政面からも多大な貢献をしてきた。株配当、事業税等諸税、道路占用料などあわせ六十年間で約十六億円を納め、民間施設、民間運営による財政的メリットは極めて大きい。また、観光面において名古屋市内で数少ない国内外から名古屋への観光客誘致を主目的とした施設・会社であることから名古屋の観光事業には大きく貢献してきており、今後への期待も大きい。

テレビ塔から見た栄の街並み

アナログテレビ放送終了の日
―誕生の原点に還り公園整備と連携―

二〇一一年七月二十四日正午、ついにアナログテレビジョン放送の終了を迎えた。当日午前十一時からテレビ塔三階会議室で、古くから知り合いの業界紙の記者と二人でテレビ放送を見ながら思い出話をしていた。正午、放送各局が一斉にテロップ「ご覧のアナログ放送の番組は本日正午に終了しました」に変わり、これでテレビ塔からのテレビジョン放送は終わった。

その後記者との会話は、今後のテレビ塔の再生に移った。話題は同年六月のテレビ塔会社取締役会で決定した「再生基本構想」である。「常に地域に元気を与えるタワーをめざす」「耐震整備により世界で最も安全・安心タワーをつくりたい」など矢継ぎ早に話す。建設時の「久屋大通公園整備との連携」「官民一体、県民・市民の支援による推進」などの思いを熱く語っていた。

還暦を迎え会社の設立目的である観光事業に立ちかえって考えることとなった。会社設立の趣意書には「名古屋市の宣伝と観光客の誘致に絶大なる効果を収め得るものと信じ、テレビ観光塔を建設しその経営をなさん」とある。また「当社の経営は公共的立場において行う方針で愛知県、名古屋市、名古屋商工会議所、日本放送協会、中部日本放送株式会社の積極的に支援協力を得て」と述べている。

テレビ塔会社が全国タワーの事業モデルの先導的役割を果たし、現在、全日本タワー協議会で大活躍しているタワーの運営会社はテレビ塔会社と同じ事業構造である。すなわち、観光事業を目的とする株式会社が塔資産を保有し、塔運営に専念、名古屋開発の事業モデルが全国で活躍しているのである。

世界規模での大交流時代を迎え、日本も観光事業を基幹産業に据え国をあげて取り組みを強化、そのため観光に関する国内外の都市間競争は激しさを増している。しかし、この地域では名古屋を訪れる観光客誘致を専業としている施設・企業はけっして多くはない。六十年前に全国に先駆けて開業したテレビ塔会社の観光事業における社会的使命と責任は今こそ重い。

ニコニコ町会議ｉｎ名古屋

ふたつの選択肢　―民間所有で地域活性化に貢献―

二〇〇四年五月、愛知県、名古屋市、放送事業者及びテレビ塔会社で「将来計画検討会」を設置し、再生に向けた検討を始めた。この検討の中から二〇〇六年六月には開業以来初めての全館整備を行い、テレビ塔のイメージを一新してリニューアルオープンをした。これによって経営危機となっていた業績回復とともにアナログ放送終了後の事業基盤の確立に向けた取り組みを開始した。

二〇一〇年、テレビ塔会社は「将来計画検討会」の検討結果も踏まえ「再生基本構想」を取りまとめ、以降この構想に沿って再生事業の具体化を図るべき愛知県・名古屋市とも連携しながら調査・検討を進めてきた。その「再生基本構想」は、①効果的、効率的な再生のため久屋大通公園との一体的な整備、②

耐震整備には愛知県・名古屋市など官民連携した支援、③民間ノウハウの積極的な発揮などが必要としている。

一方、名古屋市は二〇一一年から二〇一三年にかけて「名古屋テレビ塔活用調査」を実施した。この調査によれば、①テレビ塔は名古屋を代表する観光施設、②都心の景観形成のランドマーク、③貴重な文化財として高い価値、④久屋大通公園と連携して栄地区の活性化に大きな効果が期待されるなどから、今後も維持されるべき重要な施設とまとめられている。

また、再生を進めるにあたり、施設を市の所有とする場合と所有しない場合の二つの選択を提起している。テレビ塔会社が再生事業を進める場合には名古屋市は公園・道路の整備を進めるほか、寄付の活用方法や財政的な支援について協議することを明らかにしている。

テレビ塔会社による再生検討は十年以上にわたって愛知県、名古屋市と連携を図りつつ、鉄塔に関する基礎的な調査や整備に関する調査、再生事業見通しなど広範な検討を行ってきており、建設時の精神に立ちかえり、民間所有・民間運営を基本として栄地区の活性化に貢献するよう検討を進めてきている。

二〇一三年六月、名古屋市は栄地区の活性化を喫緊の課題として「栄地区グランドビジョン」を策定し、二〇一四年度には社会実験と同時に久屋大通公園の再生整備計画の検討に入っている。

2015年初日の出。突然雪がやみ、一瞬の朝日が

ふたつの還暦　―「ＬＥＤ発祥の地・名古屋」を未来へ―

二〇一三年七月にテレビ塔会社創立六十周年を、二〇一四年六月に開業六十周年を迎えた。ふたつの還暦である。六十年前、一年かけた先人の必死の奮闘努力によりテレビ塔が誕生した。そこに立ちかえり、創立六十周年から再生に向け「何時までもシンボルであり続ける」ための『シンボルタワープロジェクト』を始めた。このプロジェクトは「再生基本構想」の基本理念である「常に地域に元気を与えるタワーをめざす」活動の第一歩でもあった。

観光客誘致が会社の主たる社会的使命、そのために魅力ある街づくりや賑わいづくりなど地域に飛び出し、果敢な情報発信を含めた事業活動の展開である。まずは最新のＬＥＤを活用した『新ライティング・煌』の整備に取り組んだ。地域に元気を与えるためには栄地区からの情報発信の強化が必要である。栄地区は四百年の歴史、その伝統・文化から最新までの情報発信基地「テレビ塔」をめざすことである。

名古屋にとってテレビ塔は全国初の集約電波鉄塔であるが、最も新しい話題では「ＬＥＤ発祥の地・名古屋」である。青色ＬＥＤの発明は〝世紀の偉業〟と言われ、偉大な発明であるにも関わらず名古屋ではあまり知られず、忘れられてしまうのかと。

二〇一四年、名城大学の赤崎勇終身教授、名古屋大学の天野浩教授がそろって見事にノーベル物理学賞を受賞。この年で五周年を迎えた『ＮＡＧＯＹＡアカリナイト』は「ＬＥＤ発祥の地・名古屋」を未来に残す活動であった。さらに『新ライティング・煌』とオアシス21による演出が加わり十一月十四日に点灯式を開催、天野教授も出席された。ノーベル賞受賞の喜びが大きく報道され、その素晴らしさを発信できたことは二重の喜びとなった。

「名古屋のシンボルの証」として皆さんの心に刻んだ『想い出コンテスト』を企画した。文章、絵手紙、写真の三部門に多くの応募があった。例えば「一九八九年七夕の日、テレビ塔にあった占いで結ばれた二人、今でも占い結果は宝物」「元気を失ったらテレビ塔に登る、帰るときは元気だ」。どれも感激するものばかり。ふたつの還暦から生き続けるシンボルタワーをめざす勇気と情熱をもらった。

「テレビ塔は永久に不滅」といわれるまで、世界中の人々の心にシンボルの証を刻み続けたい。

テレビ塔「ＥＳＤ」イルミネーション（ＥＳＤユネスコ世界会議ＰＲ）

あとがき

テレビ塔の再生はまだ道半ばである。さらに困難な道程が続くであろう。お客様へのサービスは施設の機能と施設を運営する会社の活動が決める。名古屋が六十年前に全国モデルをつくり、今そのモデルが全国で活躍している。名古屋は常に全国の先を歩く宿命を負っているのだろうか。

今度はタワーの再生という新しい課題に全国で初めて直面。これは関係者の努力だけで達成できるものではない。多くの皆さんからの支援こそがすべての原動力である。そして、再生においても全国モデルとなれば名古屋にとってこんな素晴らしいことはないと信じている。

本書の終わりまでにテレビ塔の再生の見通しが得られるところまで辿り着かなかったことは誠に残念でならない。しかし、本当に多くの皆様のお陰でもう少しで登山口が見えるところまでは来ている。

私の人生、本当に多くの皆様にお世話になってばかり、厳しい局面には必ず「余人を持って代えがたい人物」が登場。神や仏との出会いである。人との出会いがいかに大切か、年を重ねるごとに一期一会を強く感じるようになる。一つひとつの出会いの瞬間を大切にすると新しい出会いが生まれる。私自身、次々と新しい出会いが続き今日まで楽しく元気に生きられ、感謝、感謝、感謝である。

原稿を書きながら途中で〝ハタ〟と気がついた。お世話になった方々にもっと感謝を述べるべきだったと反省しきり。自分としてはうまくいったことが多い人生だが、すべて助けてくれた人の知恵と情熱で為し得たことである。「このツケは大きいぞ」と誰かが呼びかける声が聞こえる。

「――そうだ、これからは恩返しの時間だ。死ぬまでに帳尻を合わせたい」

また、新しい情熱がよみがえってきた。この新しい情熱をふりしぼって創業時に先人の残した「テレビ塔が元気な名古屋をつくる」を夢見て後世に引き継ぎたい。

最後になりましたが、この度またとない機会を与えていただいた中部経済新聞社に深く感謝するとともに、作成に親身になってご指導いただいた編集局部長の堀田義博氏、事業部副部長の杉浦成之氏に心から御礼申し上げます。

二〇一五年一月吉日

筆　者

＊本書は中部経済新聞に平成二十六年八月三十日から同年十月二十九日まで五十回にわたって連載された『マイウェイ』を改題し、新書化にあたり加筆修正しました。

大澤 和宏（おおさわ かずひろ）

名城大学理工学部卒。1958年（昭和33年）日本放送協会（ＮＨＫ）名古屋放送局入局。技術関係を歩み、副局長を最後に97年定年退職。ＮＨＫアイテック名古屋支社長を経て、2003年名古屋テレビ塔社長就任。全日本タワー協議会副会長、久屋大通コンソーシアム理事長。名古屋市出身。

中経マイウェイ新書　024

テレビ塔《とう》に魅《み》せられ

2015年3月13日　初版第1版発行

・

著書　大澤《おおさわ》 和宏《かずひろ》

発行者　永井 征平　発行所　中部経済新聞社

名古屋市中村区名駅4-4-10　〒450-8561
電話 052-561-5675（事業部）

印刷所　モリモト印刷株式会社　製本所　株式会社三森製本

ISBN978-4-88520-192-9